GRUNDLAGEN
UND GEDANKEN

Dram

William Shakespeare

MACBETH

von Wolfgang Rudorff

VERLAG MORITZ DIESTERWEG
Frankfurt am Main

Die Reihe wird herausgegeben von Hans-Gert Roloff.

ISBN 3-425-06385-5

6. Auflage 1997

Satz: fotosatz griesheim gmbh, Griesheim
Druck und Bindung: graphoprint, Koblenz
Printed in Germany

Inhalt

1 Allgemeine Grundlagen

1.1 Literarhistorische Voraussetzungen

Bei der Lektüre von Shakespeare-Dramen sollten wir uns stets vergegenwärtigen, dass es sich um Texte handelt, die für die Bühne und nicht für die stille Studierstube geschrieben worden sind; und weiter sollten wir bei aller Hochschätzung des Dichters, d.h. des Künstlers Shakespeare nicht vergessen, dass neben seinem Kunstsinn auch die Konventionen des Dramas, der vielfältige Geschmack eines alle sozialen Schichten umfassenden Publikums und nicht zuletzt ein deutliches Maß an Geschäftssinn sein dramatisches Schaffen wesentlich bestimmt haben.

Elisabethanisches Theater – das ist Zotigstes und Vornehmstes, Banalstes und Erhabenstes, Teuflisches und Göttliches dicht beieinander, das sind wahrlich jene »Bretter, die die Welt bedeuten«, eine Welt des Theaters und zugleich unendlich viel mehr: ein Theater der Welt. Als Königin Elisabeth, die 1558 auf den Thron gekommen war, 1603 starb, hatte Shakespeare zwar *Der Widerspenstigen Zähmung, Romeo und Julia* und *Hamlet* bereits geschrieben, doch sollten *Othello, König Lear* und der *Sturm* erst noch folgen, um nur einige der berühmtesten der unter seinem Namen in der ersten Folio-Ausgabe von 1623 überlieferten 36 Dramen zu nennen. Daher ist es im weiteren Sinne des Begriffs berechtigt, die Epoche des elisabethanischen Theaters mit der Lebenszeit Shakespeares, 1564-1616, gleichzusetzen. Man könnte das Ende der Epoche auch gar erst mit dem Jahre 1642 sehen, als die inzwischen einflussreich gewordenen Puritaner durch Parlamentserlass eine Schließung aller Londoner Bühnen bewirkten.

Die Regierungszeit der klugen, gestrengen und beim Volk beliebten Königin Elisabeth war eine Zeit des nationalen Aufschwungs. Der Seesieg über die spanische Armada 1588 gab England die politische Vormachtstellung in Europa und verwegene Expeditionen der englischen Marine und englischer Kaufleute führten zu Kolonialbesitz und Handelsniederlassungen in vielen Teilen der Welt, wodurch nicht nur die wirtschaftliche Situation Englands verbessert, sondern sein außenpolitisches Gewicht noch verstärkt wurde. Innenpolitisch ist die Regierungszeit Elisabeths u. a. durch den Erlass einer Reihe von Sozialgesetzen gekennzeichnet. Hierzu zählt das Landstreichergesetz von 1598, das an die Stelle ähnlicher älterer Verfügungen trat und scharfe Strafen für Bettler, Vagabunden und fahrendes Volk vorsah, d.h. auch für solche Schauspieler, die nicht einer protegierten Schauspielertruppe angehörten. Der Sinn dieses Gesetzes war es, im Lande mehr Sicherheit vor räuberischen Überfällen zu gewährleisten. Nachfolger Elisabeths wurde der schottische König James VI. als James I. von England: Durch die Union des Herrschers beider

Königreiche in der Person von James war der erste Schritt zur Herausbildung Großbritanniens getan. James bemühte sich zwar um eine Fortsetzung der Kolonial- und Sozialpolitik, doch hatte er dabei eine weniger glückliche Hand, und insbesondere gelang es ihm nicht, jene Popularität beim Volk zu gewinnen, deren sich seine große Vorgängerin hatte erfreuen können.

Über Shakespeares Leben wissen wir nur wenig. Geboren 1564 in Stratford on Avon folgte er etwa 1586/88 dem Sog der Hauptstadt und ging, Frau und Kinder in der provinziellen Heimat zurücklassend, nach London. Hier wurde er Mitglied vermutlich erst der Schauspielertruppe, die von der Königin selbst protegiert war, der »Queen's Men«; 1594 trat er den »Lord Chamberlain's Men« bei, die sich ab 1603, als James auch auf den englischen Thron gekommen war, »The King's Men« nennen durften. Die Mitglieder einer Schauspielertruppe empfingen von ihrem hochgestellten Protektor zwar keinen Lebensunterhalt, doch zählten sie zum Kreis seiner Bediensteten, trugen als sichtbares Zeichen dessen auch eine entsprechende Livree und waren dadurch vor dem Zugriff des Landstreichergesetzes geschützt. Ihre Gegenleistung bestand darin, die häufigen Festlichkeiten ihres Protektors durch Theateraufführungen zu bereichern.

Etwa 1590 fing Shakespeare an für die Bühne zu schreiben, vielleicht zunächst als Bearbeiter älterer Texte anderer Autoren, jedenfalls unter Rückgriff auf die vielfältigen Elemente und Konventionen des Theaters seiner Zeit, die Moralitäten und Mysterienspiele, die Interludes und Historienspiele, die antiken Vorbilder, die Terenz und Plautus für die Komödie und Seneca für die Tragödie gesetzt hatten.

Der Einfluss der Historienspiele und der Tragödien Senecas auf die Entwicklung der elisabethanischen Tragödie war besonders nachhaltig: Die Stärkung des Nationalbewusstseins als Ursache oder Auswirkung der politischen Erstarkung Englands unter Königin Elisabeth hatte zu einem lebhaften Interesse an der nationalen Geschichte geführt. Historische Episoden, Leben und Taten der Könige wurden dramatisiert und beherrschten in dem Jahrzehnt nach der Vernichtung der Armada die Londoner Bühne. *King Johan,* um 1540, von John Bale, *Ricardus Tertius,* 1579, von Richard Legge und *Edward II.*, wohl 1591, von Christopher Marlowe sind die wichtigsten Beispiele bis zu Shakespeare, der die Gattung etwa mit seinem *Richard III.* über *Richard II.* bis zu *Heinrich IV.* zu dramatischen und ästhetischen Höhepunkten führte. Kennzeichnend auch für Shakespeares Historienspiele ist die sich aus dem Mittelalter herleitende Fortuna-Tradition: dramatische Darstellung des als tragisch begriffenen Aufstiegs und Falls der Großen dieser Welt, der Fürsten und Könige. Auch dem *Macbeth,* wiewohl der Gattung nach kein Historienspiel, liegt dieses Muster zugrunde. Sir Philip Sidneys Formulierung des Fortuna- oder De-Casibus-Prinzips in seiner *Apology for Poetry* von 1585 liest sich wie eine Kurzinterpretation des *Macbeth:* »Die hohe Tragödie lässt Könige fürchten, dass sie zu Tyrannen werden, und offenbart in den Tyrannen ihre Veranlagung zum Tyrannen; [. . .] Sie ruft in uns die Affekte der Bewunderung und des Mitleids hervor und belehrt uns über die Unsicherheit dieser Welt und darüber, wie schwach die Fundamente gebaut sind, über denen sich goldene Dächer erheben«. Der Einfluss der Historienspiele auf die Entwicklung der elisabethanischen Tragödie wurde durch die allgemeine Auffassung begünstigt, dass der Stoff der Tragödie auf Wahrheit zu beruhen habe (während der Stoff der Komödie frei erfunden sein durfte). Nichts lag daher für einen Autor von Tragödien näher, als dass er wie der Verfasser von Historienspielen seine Stoffe der Geschichte entnahm.

Der immense Einfluss Senecas auf die elisabethanische Tragödie leitet sich aus der Tatsache her, dass in den humanistischen Schulen der Zeit neben den Komödien von Plautus und Terenz die Tragödien Senecas als besonders lehrreicher Bildungsstoff betrachtet wurden, an denen die lateinische Sprache, die klassische Lebensauffassung der Stoa und das Wesen der antiken Tragödie wie bei keinem anderen Autor studiert werden konnten. Von hier aus fanden die typischen senecistischen Elemente wie sensationelle Gräueltaten, Geistererscheinungen, das Rachemotiv, pathetische Monologe u. Ä. Eingang in das elisabethanische Drama. Auch im *Macbeth* macht Shakespeare hiervon reichlichen Gebrauch.

Ferner hatte die hoch entwickelte Theaterkultur der Zeit eine Vielzahl weiterer Konventionen hervorgebracht, die jeder Dramatiker und Schauspieler beachten musste, wenn er der Erwartungshaltung der Zuschauer entsprechen und so ihre Gunst erringen wollte. Die wichtigsten, die Shakespeare auch im *Macbeth* befolgte, sind: Einfügung komischer Elemente in die Tragödie; Wechsel von Vers und Prosa; Beiseitesprechen; Gebrauch nur weniger Requisiten und diese häufig reduziert auf Zeichencharakter, z.B. Kerzen und Fackeln als Zeichen für eine nächtliche Szene; keine Kulissen, in deren Funktion jedoch häufige Anwendung sog. Wortkulissen, d.h. Schilderung einer imaginären Szenerie durch die agierenden Personen; prächtige Kostüme der elisabethanischen Mode auch in Stücken mit historischem Vorwurf; Darstellung von Frauenrollen durch Männer; Darstellung vorgeblicher Massenszenen, z. B. Schlachten, durch nur wenige Schauspieler; Missachtung der drei klassischen Einheiten von Zeit, Ort und Handlung.

Die ab 1576 in London entstehenden Theatergebäude wurden architektonisch nach dem Vorbild von Wirtshaushöfen gestaltet, in denen bis dahin vornehmlich gespielt worden war: An einer Stirnseite des rechteckigen Hofes wurde die schlichte Bühne aufgeschlagen, die Galerien der übrigen drei Seiten sowie der Hof selber dienten als Zuschauerraum. In Variation dieses Grundmusters waren die typischen elisabethanischen Theatergebäude im Allgemeinen rund, sechs- oder achteckig und wiesen einen komplexen Bühnenbau auf, der aus einer vorhanglosen, weit in den Zuschauerraum vorspringenden

Vorderbühne bestand, einer an der Rückwand des Theaters, also hinter der Vorderbühne befindlichen, mit einem Vorhang versehenen, überdachten Hinterbühne zum Abspielen von Szenen in Innenräumen und einer auf dieser befindlichen Oberbühne, auf der Balkonszenen, Szenen auf Stadt- und Burgmauern usw. gespielt wurden.

Die Theater waren ohne Dach gebaut, damit das Tageslicht frei einfallen konnte, und eben aus Beleuchtungsgründen wurde am Nachmittag gespielt. Im Innenhof des Theaters standen die Zuschauer, auf den Galerien gab es etwas teurere Sitzplätze. Einlass war eine Stunde vor Beginn; die Wartezeit verbrachte das Publikum mit Kartenspiel, Picknick, Biertrinken und wohl auch hier und da kleinen Raufereien in der Vorfreude auf das zu erwartende Spektakel.

Zu Beginn des 17. Jahrhunderts gab es in London, das nach neuesten Schätzungen damals rund 300 000 Einwohner hatte, etwa 12 Theater, die je zwischen 1 000 und 3 000 Zuschauer aufnehmen konnten. Daneben wurde jedoch auch weiterhin in Gasthöfen, in Schulen, in Privathäusern usw. gespielt: Elisabethanisches Theater – das ist das einzigartige Zusammentreffen eines breiten theaterbegeisterten, theaterlüsternen Publikums und einer langen Reihe künstlerisch begabter Dramatiker, denen zugleich der sichere Sinn für die Theaterpraxis gegeben war, allen voran Shakespeare.

Die bekanntesten elisabethanischen Dramatiker neben Shakespeare sind:

Christopher Marlowe 1564-1593
Ben Jonson 1572-1637
George Chapman 1559-1634
Thomas Dekker ca. 1570-1632
Thomas Heywood ca. 1575-1641
Thomas Middleton ca. 1570-1627.

Es versteht sich von selbst, dass das Theater unter derartigen Umständen lukrative Geschäftsmöglichkeiten barg. Shakespeare, selber als Teilhaber an Theaterunternehmen wohlhabend geworden, erwarb 1597 eines der größten Häuser in seiner Heimatstadt und kaufte später noch weitere Grundstücke hinzu. Autor und Schauspielertruppe, die die Rechte an einem Theaterstück besaßen, eröffneten sich, nachdem ein Stück seine Zugkraft auf der Bühne endgültig verloren zu haben schien, eine weitere Einnahmequelle durch den Verkauf eines Stückes in Buchform, den nach ihrem Format sog. Quartos. Neunzehn Stücke Shakespeares waren als Einzeldrucke in Form solcher Quartos erschienen, bevor dann sieben Jahre nach seinem Tod von Heminge und Condell, zwei ehemaligen Schauspieler-Kollegen Shakespeares, die erste Gesamtausgabe seiner Dramen besorgt wurde, die berühmte Folio-Ausgabe von 1623.

Shakespeare verbrachte seine letzten Lebensjahre wieder in Stratford, wo er 1616 starb und in der Pfarrkirche begraben wurde. Noch vor 1623 wurde ihm hier ein Denkmal mit einer Büste errichtet, die ein Bildhauer aus London, der Shakespeare vermutlich persönlich gekannt hatte, geschaffen hat.

1.2 Stoff

Schon in einigen seiner frühen Historienspiele offenbart Shakespeare seine Neigung, historische Gestalten so zu verändern, dass sie den Anforderungen an den Helden eines Charakterdramas gerecht werden; im Falle *Richard III.*, *Richard II.* und *King John* verarbeitet Shakespeare Stoff und Titelrolle bereits zur Charaktertragödie, wenn auch alle drei daneben noch deutlich die Merkmale des Historienspiels beibehalten. Im *Macbeth* und den übrigen großen Tragödien dominiert vollends die Charaktergestaltung, während die unmittelbar zugrunde liegenden geschichtlichen Tatsachen für Shakespeare nicht mehr oder nur noch am Rande von Interesse sind. Ein Blick auf den historischen Stoff zum *Macbeth* und auf die Präsentierung des Stoffes in Shakespeares Quelle im Vergleich mit Shakespeares Tragödie ist dennoch aus zweierlei Gründen sinnvoll: Einmal zeigt er uns die Freizügigkeit und vor allem die Zielsetzung der Umgestaltung; zum Zweiten bietet er in Einzelfragen und -problemen des Dramas wichtige Verständnishilfen.

Über die Persönlichkeit des schottischen Königs Macbeth, der von 1040-1057 regierte, ist nur wenig bekannt. Nach allem, was wir wissen, war er tatkräftig und energisch, fromm und gerecht, ein tapferer Krieger und ein eifriger Gesetzgeber. Dieses positive Bild wird schlechterdings auch nicht durch die Tatsache beeinträchtigt, dass Macbeth durch Ermordung seines Vorgängers, Duncan I., die Königskrone erwarb. Denn von den neun schottischen Königen, die unmittelbar vor Macbeth regierten, wurden nicht weniger als sieben von ihren Rivalen und Nachfolgern getötet. Auch Macbeth selber erging es nicht anders: Sein Nachfolger im Amt des Königs, Malcolm III., war zugleich auch sein Mörder. Dieser zur Üblichkeit gewordene blutige Weg zum schottischen Thron erklärt sich aus dem damals gültigen Thronfolgerecht: Ein Herrscher bestimmte das seiner Meinung nach zur Führung des königlichen Amtes am besten geeignete Mitglied der königlichen Familie zu seinem Nachfolger. Der jeweils Bestimmte, Bruder, Sohn, Neffe des Königs, wollte mit der Ermordung seines Vorgängers einem eventuellen Sinneswandel desselben zuvorkommen. Erst im 13. Jahrhundert setzte sich in Schottland das Erstgeburtsrecht als Regelung der Thronfolge durch.

Wie die Stoffe zur Mehrzahl seiner Historienspiele entnahm Shakespeare auch den Stoff zu seinem *Macbeth* der zweiten Auflage der *Chronicles of England, Scotland, and Ireland* von Raphael Holinshed, erschienen 1587. Holinshed war, der Art der Geschichtsschreibung seiner Zeit entsprechend, ein fleißiger Kompilator, der eine Reihe früherer Geschichtsschreiber kopierte und ergänzte, so vor allem Wyntouns *Orygnale Cronykil of Scotland* von etwa 1424 und die *Scotorum Historiae* von Hector Boëthius von 1527. Das Bild Macbeths in Holinsheds *Chronicles* wie auch schon in dessen Vorlagen ist im Gegensatz zur historischen Gestalt alles in allem reichlich düster gezeichnet. Zwar wird

Macbeth als energischer, gerechter, zu seinen ihm treu ergebenen Thanen großzügiger König geschildert, der mit Härte und Strenge gegen Missetäter dem Lande einige Jahre des Gedeihens und des inneren Friedens bescherte, sodass Holinshed ihn als »Schutz und Schild des Volkes« preisen kann; jedoch meldet Shakespeares Gewährsmann mit nicht minderem Nachdruck, dass sich Macbeth, nachdem er Banquo hatte ermorden lassen, um den Hexenprophezeiungen, die diesem galten, zuvorzukommen, zu einem grausamen Tyrannen und zu einem blutdürstigen Mörder solcher Thane und deren Familien entwickelte, die seinen Befehlen nicht mit äußerstem Gehorsam Folge leisteten. So fand Shakespeare in seiner Quelle auch die unhistorische Version vor, dass Macbeth von Macduff getötet wurde, und zwar aus Rache für den Tod seiner unschuldigen Frau und Kinder durch die Mörderhand des Tyrannen. Die negative Wendung, die die Schilderung Macbeths durch Holinshed und auch schon seine Vorläufer nimmt, erklärt sich daraus, dass zur Zeit ihrer Geschichtsschreibung das Erstgeburtsrecht längst etabliert war und die mordenden Thronanwärter der früheren Zeit eben als Mörder und Usurpatoren gesehen und verurteilt wurden.

In der Wyntoun-Darstellung wird ein Traum des Macbeth erzählt, dass ihm nämlich gelegentlich einer Jagd mit seinem Onkel, dem König Duncan, drei Schicksalsschwestern erschienen seien und ihm prophezeit hätten, er werde dereinst selber König von Schottland sein. Boëthius macht aus dem Traum eine reale Begebenheit und ersetzt den königlichen Jagdgefährten durch Banquo. Beide Veränderungen übernimmt Holinshed, der ferner berichtet, dass Banquo nach der Weissagung durch die Hexen Macbeths Vertrauter und Helfershelfer beim Königsmord wurde. Die Einzelheiten der Ermordung Duncans lässt Holinshed unerwähnt. Shakespeare entlehnt die näheren Umstände der Bluttat vielmehr dem Teil seiner Quelle, in dem die Ermordung des Schottenkönigs Duffe durch Donwald im Jahre 972 erzählt wird. Danach hatte Duffe eine Rebellion gegen seine Herrschaft niedergeschlagen und die Anführer, darunter mehrere Verwandte Donwalds, gnadenlos hinrichten lassen, obwohl Donwald, selber königstreu und von Duffe hoch geachtet, um Begnadigung der zum Tode Verurteilten gebeten hatte. In Erfüllung des Gebots der Blutrache also, bei deren Ausführung ihm seine Frau eifrigst behilflich war, ließ er König Duffe zu nachtschlafener Zeit gelegentlich eines Besuches desselben auf dem Donwald-Schloss Fores von vier Mördern erdolchen; in vorgetäuschter Entrüstung über die Bluttat und angeblicher Gewissheit darüber, wer die Mörder seien, brachte er selber anschließend die Kämmerlinge des Königs um.

König Duncan erscheint in Shakespeares Vorlage als ein weicher, weichherziger, nachlässiger Charakter, dem jenes Mindestmaß an Durchsetzungsvermögen fehlte, das für die Ausübung des königlichen Amtes unbedingte Voraussetzung war. Daher verwundert die Sympathie nicht, die unschwer aus jenen Passagen Holinsheds herauszuhören ist, in denen er das anfängliche Aufblühen des Landes unter Macbeth nach der schlaffen und kraftlosen Amtsführung durch seinen Vorgänger Duncan schildert. Über Lady Macbeth schließlich ist bei Holinshed nachzulesen, dass sie eine sehr ehrgeizige Frau gewesen sei, die selber nach der Würde einer Königin getrachtet und daher ihren Mann zum Mord an Duncan aufgehetzt habe.

Als weitere wichtige Quelle neben Holinshed muss allgemein die zeitgenössische Literatur zum Hexenwesen genannt werden. Ihre weite Verbreitung beweist, dass der Glaube an Hexen, Gespenster, Dämonen usw. zu Shakespeares Zeit noch fast ungebrochen war. James selber, der König, war Verfasser eines Buches zur *Dämonologie,* erschienen 1597, erneut aufgelegt 1603, das Shakespeare ebenso gekannt und für seinen *Macbeth* ausgewertet haben mag wie etwa *News from Scotland of Doctor Fian a Notable Sorcerer* von 1591, das von einem Hexenprozess berichtet, in den der König verwickelt war, und Reginald Scotts *Discovery of Witchcraft* von 1584.

An literarischen Bearbeitungen des Macbeth-Stoffes vor Shakespeare ist mit Sicherheit eine Ballade zu nennen; 1596 ist eine solche unter dem Titel *Macdobeth* ins Register der Londoner Buchhändler eingetragen worden. Und ferner darf aus einer Anspielung des Schauspielers William Kempe von 1600 mit einiger Wahrscheinlichkeit geschlossen werden, dass damals auch eine Bühnenfassung des *Macbeth* vorlag. Wie weit jedoch diese möglichen literarischen Bearbeitungen des Stoffes in Shakespeares Tragödie Eingang gefunden haben, entzieht sich völlig unserer Kenntnis.

1.3 Entstehung

Zu keinem der Dramen Shakespeares ist uns die genaue Entstehungszeit überliefert. Die Spekulationen hierüber im Falle des *Macbeth* schwanken zwischen den Daten 1602 (Dover Wilson) und 1606 (Henry N. Paul). Die stärkeren Argumente allerdings sprechen dafür, dass die Entstehungszeit des Dramas nach 1603 liegt. Als nämlich König James VI. von Schottland im März 1603 in der Nachfolge Elisabeths als James I. auch zum König von England gekrönt wurde, mag dieses Ereignis für Shakespeare Anlass genug gewesen sein, für eine seiner nächsten Tragödien einen schottischen Stoff zu wählen, um hierdurch seinem neuen König seine eigene und die Reverenz seiner Kollegen aus der Schauspielertruppe der »King's Men« zu erweisen. In der Tat lässt sich diese Vermutung durch mehrere Einzelheiten des Dramas stützen: So sind die »zwei Reichsäpfel« (IV, 1, 122) als Anspielung auf die beiden Königreiche Schottland und England unter der Herrschaft James' zu verstehen; ferner gehörte James dem Hause Stuart an, als dessen Begründer der historisch nicht gesicherte und wohl der Sage zugehörige Banquo gilt, dem die

Hexen prophezeien, seine Nachkommen werden Könige sein; weiter darf die Erwähnung der Wunderheilkraft Edwards des Bekenners (IV, 3, 147 ff.) als Reverenz für James gedeutet werden: auch er, so hieß es, sei mit der Heilkraft begabt; schließlich durfte der Autor mit einem Stück, das in so reichem Maße Hexenwesen auf die Bühne bringt, jedenfalls mit dem besonderen Interesse des Königs rechnen, war James selber doch der Verfasser eines Buches zu diesem Sachkomplex. Aller Wahrscheinlichkeit nach wurde *Macbeth* im Sommer 1606 in Hampton Court vor James und seinem hohen Gast aus Dänemark, König Christian IV., aufgeführt. Einige Forscher vermuten, dass Shakespeare seine Tragödie eigens zur Aufführung bei dieser Gelegenheit geschrieben habe.

Von *Macbeth* gibt es keine Quarto-Ausgabe; der Abdruck in der Folio-Ausgabe ist die einzige überlieferte Fassung. Es kann jedoch kein Zweifel daran bestehen, dass diese Fassung nicht Shakespeares Original ist: *Macbeth* weist neben metrischen und orthografischen Mängeln einige Verderbtheiten des Textes auf, die auf unsorgfältiges Abschreiben schließen lassen; es ist mit gut 2000 Zeilen eines der kürzesten Shakespeare-Dramen, während es zugleich durch einen überdurchschnittlich häufigen Szenenwechsel gekennzeichnet ist; an mehreren Stellen bestehen aufgrund ungenügender Informationen beim Rezipienten sachliche Unklarheiten: So hält Lady Macbeth zu Beginn von I, 5 einen Brief von ihrem Mann in Händen, ohne dass dramaturgisch einsichtig wäre, warum Macbeth ihn geschrieben haben soll, ist er doch bereits selber unterwegs zur Lady, um ihr den Inhalt des Briefes zu berichten; und in III, 1 dingt Macbeth zwei Männer zur Ermordung Banquos, doch treten dann zur Durchführung der Tat in III, 3 tatsächlich drei Mörder auf. Die Erklärung dieses Textzustandes ist wohl darin zu sehen, dass wir es mit einer für bestimmte Aufführungszwecke gekürzten Fassung zu tun haben.

Zugleich sind sich die meisten Forscher darin einig, dass der vorliegende Text Passagen enthält, die nicht aus Shakespeares Feder stammen, sondern von Thomas Middleton, der dann freilich auch als der kürzende Bearbeiter infrage kommt: Die beiden Lieder, die von den Hexen nach III, 5, 35 und IV, 1, 43 gesungen werden, sind auch in Middletons *The Witch* von ca. 1610 enthalten und offenbar von hier aus später in die Hexenszenen des *Macbeth* gelangt; und auch die Gestalt der Hekate, die in *The Witch* eine wichtige Rolle spielt, in *Macbeth* jedoch dramatisch nicht erforderlich ist und obendrein zu sachlichen Widersprüchen führt (vgl. S. 37), dürfte eine Einfügung Middletons sein, der bei seiner Bearbeitung offensichtlich die Absicht verfolgte, den so überaus theaterwirksamen Hexenanteil am Stück zu vergrößern.

1.4 Rezeptionsgeschichte: Bearbeitungen, Übersetzungsprobleme

Macbeth war nach *dem Sturm* und *Antonius und Cleopatra* das dritte Drama Shakespeares, das in Deutschland unter dem Namen seines Autors aufgeführt wurde, nämlich in der freien und freizügigen Prosa-Übersetzung von Christoph Martin Wieland erstmals zu Weihnachten 1771 in Biberach, Wielands Geburtsort. Bald schon gehörte *Macbeth* in den verschiedensten Übersetzungen und Bearbeitungen zum ständigen Repertoire der deutschsprachigen Bühnen. Allein bis zu Schillers *Macbeth*-Bearbeitung, die 1800 unter Goethe in Weimar uraufgeführt wurde und bis gegen Ende des 19. Jahrhunderts immer wieder den Weg auf die Bühne fand, gab es wenigstens zwei Dutzend Inszenierungen, darunter die der literaturgeschichtlich so interessanten Bearbeitungen durch Gottlieb Stephanie, Heinrich Leopold Wagner und Gottfried August Bürger.

Stephanies erstmals 1772 am Kaiserlichen Theater in Wien aufgeführtes *Trauerspiel in fünf Aufzügen* verzichtete zwar zugunsten von Prosa auf den damals noch üblichen Alexandriner, versuchte jedoch im Sinne der klassizistischen Dramentheorie der Franzosen eine wenigstens annähernde Herstellung der drei klassischen Einheiten des Ortes, der Zeit und der Handlung. Das Ergebnis allerdings war ein reichlich überspanntes Mord- und Spektakelstück, wie Stephanie später selber eingestand.

Shakespeare galt bei den deutschen Stürmern und Drängern als Musterbeispiel eines Genies. Daher verwundert es nicht, dass sich die von ihnen vorgenommenen Bearbeitungen in der Mehrzahl der Fälle durch redliches Bemühen um Originaltreue auszeichnen, so die von F. I. Fischer für das Prager Theater 1777 herausgegebene Bühnenfassung, die der Wielandschen Übersetzung folgt, und die von Wagner, die 1779 am ein Jahr zuvor gegründeten Deutschen Nationaltheater in Mannheim uraufgeführt wurde. War Stephanies Umarbeitung des *Macbeth* noch aus der Absicht heraus entstanden, das Shakespeare-Drama »vor das Theater-Publikum brauchbar zu machen« (Stephanie in seinem Vorwort), ist *Wagner* in Ehrfurcht vor dem Genie Shakespeare mit seiner Prosafassung bestrebt, nicht nur den Handlungsgang des Original-Macbeth möglichst unangetastet zu lassen, sondern auch die von Shakespeares Charakteren geäußerten Gefühle und Gedanken originalgetreu wiederzugeben.

Bürger dagegen, dessen Prosafassung von ihrer Premiere 1784 in Riga an bis zu Schillers Bearbeitung populär blieb, nimmt wieder auffällige Veränderungen des Originals vor. So fügt er zwei Hexenszenen hinzu; deutlicher als bei Shakespeare sind seine Hexen darauf aus, Macbeth zum Verbrechen zu verführen, und sie jubeln hell auf, als sie merken, es ist ihnen gelungen. Banquo spricht in Bürgers Fassung einen Monolog, der – als Gegengewicht zu Macbeths Dolch-Monolog angelegt – den inneren Kampf des Sprechers offenbart und schließlich dem Sieg seiner Seele über die Versuchung durch die Hexen Ausdruck verleiht. Bürgers Macbeth stirbt sichtbar für die Zuschauer, einen hinzugedichteten Monolog sprechend, in welchem er seine Schuld bekennt und der Fahrt zur Hölle als Strafe für all sein Blutvergießen verzweifelt entgegensieht. Der Hinzudichtung von Textstellen stehen andererseits Streichungen ganzer Szenen und Rollen gegenüber, unter ihnen dramaturgisch so wichtige wie die Pförtner-Szene und die Rolle König Duncans.

Schillers Macbeth ist im Vergleich zu Shakespeares ein im Sinne der deutschen Klassik »veredelter« Charakter, dessen Skrupel vor der ersten Tat stark betont und dessen Schuld und Verantwortung für seine Verbrechen zu Lasten der Lady stark abgeschwächt werden. Die Hexen erscheinen als Eumeniden der Antike, von hübschen jungen Mädchen gespielt, die sogar Scheu davor zeigen, Macbeth zu versuchen: Sie sind fast so edelmütig wie er selber. Dieser »humanisierten« Grundstimmung entsprechend, wandelt Schiller den grobschlächtigen, raubeinigen, versoffenen Pförtner in einen tugendsamen, pflichtbewussten Charakter um, der anstelle polternder Späße über zur Hölle Verdammte ein frommes Morgenlied singt. Die Lady dagegen, von Goethe als »Überhexe« bezeichnet, ist als Kontrastfigur mit noch grausameren Wesenszügen ausgestattet als in Shakespeares Original. Die Rolle der Lady Macduff ist ganz gestrichen. Schillers Bearbeitung in klangvollen Blankversen ist die erste dieses Stückes, die das Metrum des Originals beibehält.

Das 19. und 20. Jahrhundert brachten eine Fülle von Übertragungen, die sich in der Regel von den früher entstandenen Bearbeitungen deutlich durch ihre Zielsetzung, nämlich textgetreue Übersetzung und nichts anderes sein zu wollen, unterscheiden. Hatte Stephanie im Titel seines Macbeth-Trauerspiels den Autor seiner Quelle verschwiegen – mit gutem Recht, wie er glaubte – und hatte Wagner seinen *Macbeth* noch *Ein Trauerspiel in fünf Aufzügen nach Shakespear* genannt, so bezeichnete Schiller seinen *Macbeth* bereits als ein *Trauerspiel von Shakespeare,* obwohl es doch deutlich noch eine Bearbeitung war. Die lange Reihe der großen, literarisch anspruchsvollen, um Bewahrung des Originals bemühten Übersetzungen des *Macbeth* im Rahmen von Übertragungen von Shakespeares Gesamtwerk oder auch als Einzelübersetzungen beginnt 1829 durch Johann Heinrich Voß; sie wird fortgeführt durch Karl Lachmann 1829, Philipp Kaufmann 1830, Dorothea Tieck 1833, Julius Körner 1836, Karl Simrock 1842, Franz Dingelstedt 1858, Wilhelm Jordan 1896; in unserem Jahrhundert dokumentiert sich die ungebrochene Herausforderung des *Macbeth* zum Nachvollzug in deutscher Sprache in den Übersetzungen u.a. von Friedrich Gundolf 1914, Richard Flatter 1952, Hans Rothe 1955, Rudolf Alexander Schroeder 1963 und Rudolf Schaller 1960 und erneut 1978. Insgesamt ist *Macbeth* bisher annähernd vierzigmal in deutschen Bearbeitungen und Übersetzungen erschienen.

Die bis heute populärste deutsche Übersetzung von *Macbeth* ist die von *Dorothea Tieck,* der Tochter Ludwig Tiecks, der zusammen mit August Wilhelm von Schlegel und dem Grafen Baudissin zwischen 1796 und 1833 an der Übertragung des dramatischen Gesamtwerks Shakespeares ins Deutsche gearbeitet hat. Dabei war Tiecks Aufgabe mehr die eines Organisators, Beraters, Korrektors und Herausgebers, während die drei anderen die eigentliche Übersetzerarbeit leisteten. Diese Schlegel-Tieck'sche Übersetzung hat in der deutschen Literaturgeschichte eine unvergleichliche Berühmtheit erlangt und zugleich für ein breites literarisch interessiertes Publikum die Basis für eine Aneignung Shakespeares geschaffen, deren Ausmaß vergleichbar ist mit der Wertschätzung, die die größten Dichter deutscher Zunge in Deutschland genießen.

Der Haupteinwand, der gegen Dorothea Tiecks Übersetzung (und gegen die Schlegel-Tieck'sche Übersetzung ganz allgemein) immer wieder vorgebracht wird, ist paradoxerweise zugleich auch das höchste Lob: Sie sei, zumindest sprachlich, kein elisabethanisches Theater, kein Shakespeare, sondern deutsche Dichtung der Romantik. Das Lob, das sich in diesem Tadel verbirgt, betrifft die hohe sprachliche Qualität der romantischen Nachdichtung, die sich nicht als Übersetzung, sondern als Original lesen und aufnehmen lässt. Dies bedeutet nichts anderes, als dass Dorothea Tieck die sich bei einer Übersetzung englischer Verse älterer Zeit ins Deutsche allgemein stellenden Probleme im Großen und Ganzen glänzend gelöst hat, wenn auch andere Lösungen denkbar und von späteren Übersetzern bevorzugt worden sind. Das erste Problem, das sich stellt, ist die Frage, ob die Übersetzung modern sein oder der Entstehungszeit des Originals entsprechen soll. Obwohl Dorothea Tieck, hierin ihrem großen Vorbild Schlegel folgend, Originaltreue anstrebte, hat sie doch eine Übersetzung geliefert, die trotz der Verwendung altertümlicher Wörter von ihrem Blickpunkt aus als modern beurteilt werden muss; sie ist romantisch, nicht barock. Eine immense Übersetzungsschwierigkeit liegt ferner darin, dass das Englische reich an einsilbigen Wörtern ist, die im Deutschen nur durch zwei- und mehrsilbige Wörter wiedergegeben werden können. Dies führt zu einer Ausweitung des Textes – Dorothea Tiecks Übertragung ist um knapp 100 Zeilen länger als die Cambridge-Edition – wenn man nicht durch Verkürzungen oder gar Streichungen bereits verwendeten Raum an anderer Stelle wieder einsparen will, was freilich ein grober Verstoß gegen das Original wäre. Weiterhin ist das Englische sehr viel wortreicher als das Deutsche, was zur Folge hat, dass zahlreiche Nuancen des Originals im Deutschen gar nicht ausgedrückt werden können, weil das entsprechende Vokabular fehlt. Der Wortreichtum und das große Maß an Einsilbigkeit des Englischen ermöglichen zahlreiche Wortspiele, die ebenfalls nicht ins Deutsche übernommen werden können, es sei denn, der Übersetzer ist findig genug und setzt Entsprechungen ein; dabei läuft er freilich Gefahr, sein Prinzip der Originaltreue zugunsten einer freieren Übertragung zu verlassen. Bei Anlegung strenger Maßstäbe ist Übersetzung von Dichtung, die ja mehr ist als nur Information, ein Ding der Unmöglichkeit, da ein Übersetzer zwar vielleicht Wortbedeutungen und syntaktische Konstruktionen, auch gewisse Stileigentümlichkeiten wiedergeben kann, jedoch subtile Ausdrucksmittel der Sprache wie Klang- und Stimmungswerte, Rhythmus, Betonung und Metaphorik trotz aller Bemühung nur andeutungsweise, nie gänzlich in eine andere Sprache zu übertragen vermag, da jede Sprache hierfür ihr eigenes und sie charakterisierendes Bezugs- und Ausdruckssystem entwickelt hat. Was der Übersetzer so gut wie gar nicht, allenfalls in glücklichen Einzelfällen berücksichtigen kann, sind die gerade in der Dichtung so wichtigen Assoziationen, die von Begriffen, Bildern, Klangfarben usw. des Originals im muttersprachlichen Leser erweckt werden und in der Übersetzung fast immer verloren gehen müssen, eben weil sie, selbst bei denkbar größter Originaltreue, eine Übersetzung ist und d.h. die Wiedergabe von Sachverhalten in einem anderen sprachlichen Bedeutungssystem und System sprachlicher Ausdrucksmittel. Nicht jede Sprache vermag alles auszudrücken; daher verbleibt beim Übersetzen ein unübersetzbarer Rest. Um die unvermeidlichen Verluste nicht allzu groß werden zu lassen, muss der Übersetzer sehr sorgfältig abwägen und prüfen, ob er nicht für ein schwieriges Wort oder eine schwierige Textstelle doch ein Äquivalent findet, ehe er wegen Unübersetzbarkeit auf eine Wiedergabe ganz verzichtet oder aber bei einer freien, vielleicht gar allzu freien Übersetzung Zuflucht sucht und so das Original ungebührlich verfälscht. In einem Nachwort zum neunten und letzten Band der Schlegel-Tieck'schen Übersetzung berichtet Ludwig Tieck 1833 von der Mühe und Sorgfalt, die seine Mitarbeiter und er auf die Übersetzung einzelner Textstellen verwandten:

»[. . .] oft brachten wir eine Stunde damit zu, drei oder vier Verse einer schwierigen oder dunkeln Stelle in Ordnung zu richten, schufen und verwarfen unendlich viele Ausdrücke und Versuche, wenn der Übersetzer schon auf seinem Zimmer längst vorher die Aufgabe von allen Seiten bedacht zu haben glaubte.« Und einen Hinweis auf die besonderen Schwierigkeiten, die gerade die *Macbeth*-Übersetzung bereitete, bekommen wir, wenn wir weiterhin lesen: »Sehr oft haben die drei Mitarbeiter sich vereinigt, um gemeinsam zu verbessern und den Ausdruck zu treffen. So namentlich beim *Macbeth* [. . .]«.

Für die angedeuteten Übersetzungsschwierigkeiten und die Art, wie Dorothea Tieck sie gemeistert hat oder ihnen erlegen ist, sei auf folgende Beispiele verwiesen: Dem bei einer metrumgetreuen Übersetzung auftretenden Problem der größeren Silbenzahl des Deutschen im Vergleich zu entsprechenden Wörtern im Englischen begegnet Dorothea Tieck mit Silbenelimination, meistens angezeigt durch Apostroph, wann immer ihr dies möglich erscheint: aus »fiend-like queen« wird auf diese Weise »höll'schen Königin« (V, 7, 101) und aus »Your royal father« »Eu'r königlicher Vater« (II, 3, 105); andere Beispiele für die Diskrepanz der Silbenzahlen beider Sprachen sind etwa »Posaunenzüngig« (I, 7, 24) für das dreisilbige »trompet-tongued«, »des großen Meergotts Ozean« (II, 2, 64) für das fünfsilbige »great Neptune's ocean« und »festgefugte Erde« (II, 1, 58) für das dreisilbige »firm-set earth« unter gänzlichem Verzicht auf die Wiedergabe des Attributs »sure« (II, 3, 56).

Macduffs Umschreibung des Mordes an Duncan, »Most sacrilegious murder hath broke ope / The Lord's anointed temple, and stole thence / The life o' th' building«, übersetzt Dorothea Tieck mit: »Der kirchenräuberische Mord brach auf / Des Herrn geweihten Tempel und stahl weg / Das Leben aus dem Heiligtum« (II, 3, 71-73). In dieser Übersetzung kommt mit »Heiligtum« nicht zum Ausdruck, dass das neutrale building auch den Körperbau des Toten meint, und mit »Tempel« geht das Wortspiel verloren, das darin liegt, dass das entsprechende englische Wort zugleich auch die Bedeutung »Schläfe« hat.

Beispiele für Assoziationen, die wohl der Theaterbesucher zur Shakespeare-Zeit hatte, die sich jedoch im modernen englischen Leser oder Hörer ebenso wenig einstellen wie im Leser oder Hörer des Textes von Dorothea Tieck, sind der Gedanke an den Kerkermeister, der einem zum Tode Verurteilten Gute Nacht wünscht, im Zusammenhang mit »Die Eule war's, die schrie, der traur'ge Wächter, / Der grässlich gute Nacht wünscht« (II, 2, 3-4), und der Gedanke an Feigheit in Zusammenhang mit »Weißlebriger Hund« (V, 3, 15) aufgrund der Vorstellung, dass die blutgefüllte Leber Sitz des Mutes sei. Shakespeares »What has quenched them hath given me fire« kehrt bei Dorothea Tieck wieder als »und was sie dämpft', hat mich entflammt« (II, 2, 2): zwar steckt das englische fire in deutsch »entflammt«, jedoch ist in der Übersetzung die in quench enthaltene Bedeutung von »löschen« verloren gegangen und damit nicht nur eine Bedeutungsnuance, sondern auch eine Hälfte des hier von Shakespeare verwendeten Bildes.

Für Klang und Rhythmus, die als Ausdruck von Stimmung und Gestimmtheit sehr wichtig sind, hat Dorothea Tieck ein besonders hellhöriges Ohr. Das klangvolle, ausdrucksstarke, durch die Einsilbigkeit der Wörter wuchtige »That tears shall drown the wind« gibt sie nicht minder klangvoll und ausdrucksstark wieder durch »Bis Tränenflut den Wind ertränkt« (I, 7, 30). Auch die für Macbeths Zerrüttung so entscheidende Einsicht, »Cawdor / Shall sleep no more: Macbeth shall sleep no more!«, die Shakespeare in klangstarken, pathetischen, abgesehen von den Eigennamen wieder nur einsilbigen Wörtern formuliert, gewinnt in der Übersetzung einen starken pathetischen Klang: ». . . wird Cawdor / Nicht schlafen mehr, Macbeth nicht schlafen mehr« (II, 2, 44-45). Zugunsten des Nachvollzugs von Klangwerten – hier der Alliteration – nimmt Dorothea Tieck sogar sachliche Veränderungen vor, so, wenn sie »his two chamberlains / Will I with wine and wassail so convince« mit »seine beiden Kämmerlinge / Will ich mit würz'gem Weine so betäuben« übersetzt.

Andererseits lässt sich für eine ganze Reihe von ungenauen Wiedergaben mit der Tendenz zu freier Übersetzung nur schwerlich eine Begründung finden, die wir heute für eine Übersetzung mit dem ausgesprochenen Ziel der Originaltreue akzeptieren würden: Hierher gehören etwa »Wer der Sieger ist, sich zeigt« (I, 1, 4) für das der Geheimnistuerei der Hexen viel angemessenere »When the battle's lost and won« und »Nebelhöhn« (aus Reimgründen) für das dem Hexenwesen viel eher entsprechende »filthy air«. Die Einwände im Einzelnen jedoch verstummen vor der Vielzahl geglückter Übertragungen und vor allem vor dem Gesamteindruck der Übersetzung, als wäre sie nicht in mühsamster Kleinarbeit entstanden, sondern in nahezu vollendeter Beherrschung der deutschen Sprache gleichsam in einem einzigen kunstvollen Guss.

Nur wenige Jahre nach Wielands Übersetzung begann auch die deutsche Musikwelt, sich von Shakespeares Tragödie anregen zu lassen und *Macbeth*-Vertonungen und symphonische Programm-Kompositionen über das Drama zu schaffen: Im Jahre 1787 komponierte Johann Friedrich Reichardt Begleitmusik zu Bürgers Bearbeitung; von Ludwig Spohr ist die Ouvertüre zu einer *Macbeth*-Oper erhalten, von Ludwig van Beethoven liegt der Entwurf für eine Ouvertüre vor; im Jahre 1890 wurde in Weimar *Macbeth, Symphonisches Gedicht,* ein Frühwerk von Richard Strauß, uraufgeführt; 1910 erlebte eine *Macbeth*-Oper des Schweizers Ernest Bloch ihre Uraufführung in Paris.

Die älteste vollständige Opernfassung des *Macbeth* ist die von Hippolyte Chelard, die 1827 in Paris uraufgeführt wurde und ein Jahr später, leicht überarbeitet, in München deutsche Premiere hatte. Die berühmteste *Macbeth*-Oper hat *Guiseppe Verdi* geschaffen: Uraufführung 1847 in Florenz, Uraufführung einer musikalisch überarbeiteten Fassung 1865 in Paris. Inhaltlich folgt Verdi sehr genau der Shakespeare-Tragödie, während er musikalisch besonders die düstere, bedrückende Stimmung herausarbeitet. Die 1934 in

Leningrad erstmals aufgeführte Oper von *Dimitrij Schostakowitsch, Lady Macbeth des Mtensk-Distrikts,* basiert auf einer Novelle (1886) von Nicolai Leskow, der die Handlung in ein russisches Dorf des 19. Jahrhunderts verlegt, wobei die von Shakespeare verwendete Fabel freilich kaum mehr zu erkennen ist.

Zum ersten Male verfilmt wurde der Stoff 1908 in den USA. Unter den Filmversionen, die seitdem entstanden sind, hat die *Orson Welles*-Interpretation von 1948 durch die eindrucksstarke Gestaltung einer unterweltgleich düsteren Atmosphäre, durch Schwärze und Rohheit der Szenarien und der Kostümierung, die eine barbarisch-frühe, vorzeitlich-unzivilisierte Welt suggerieren, besondere Berühmtheit erlangt. Im Jahre 1957 inszenierte *Akira Kurosawa* in Japan eine Filmversion, die Shakespeares düstere Tragödie in das Milieu der altjapanischen Samurai verlegt. Der Film lehnt sich inhaltlich und in der Gestaltung der wichtigsten Charaktere in großen Zügen und auch in zahlreichen Einzelheiten eng an das Shakespeare-Original an.

Kaum minder berühmt geworden als die Orson Welles-Verfilmung ist die des gebürtigen Polen *Roman Polanski,* die dieser 1971 in England inszenierte. Auch sie lässt sofort Shakespeares Original erkennen, obwohl der Gesamteindruck ein ganz anderer als der einer elisabethanischen Tragödie ist. Polanski kürzt Shakespeares Text um etwa zwei Drittel und lässt dafür lange Szenen und Episoden ohne Dialoge spielen unter Ausschöpfung aller optischen Mittel der Detail- und Milieuschilderung von harter, grauenhafter Realistik: Was auf diese Weise entsteht, ist eine breite epische Mär von Blut und Gewalt, Machtgier und Tod, voller Bewegung durch starkes Ausspielen von Reiterszenen, Kampfszenen, Festgelagen, Tanz usw., auch akustisch reizvoll durch Pferdegalopp, Musik und die Verzweiflungsschreie derer, die Macbeths Gier nach Blut zum Opfer fallen. So bietet der Film die unterhaltsame und spannende Schilderung einer harten, blutigen, gottfernen Welt, eine schwungvolle Bilderbuch-Historie mehr erzählenden als dramatischen Charakters.

Seit den 60er Jahren hat der *Macbeth*-Stoff auch wieder Theaterschriftsteller zur Verarbeitung gereizt: Im Zentrum der Handlung der politischen Burleske *Macbird!,* 1967, von Barbara Garson steht die Ermordung John F. Kennedys; im Übrigen wird der Machtkampf damals führender amerikanischer politischer Persönlichkeiten parodistisch aufs Korn genommen. Die Collage von Charles Marowitz, *A Macbeth Freely Adapted from Shakespeare's Tragedy,* 1969, deutet unter Ausschaltung der politischen Dimension Macbeths Weg des Verbrechens als psychotische Halluzination, ausgelöst durch diabolische Kräfte, wie sie, da latent stets in uns und um uns vorhanden, in jedem von uns wirksam werden können.

Heiner Müller und Eugène Ionesco, die beide 1972 mit *Macbeth*-Dramen hervorgetreten sind, sehen in dem Stoff ein allgemeines Spiegelbild der gesellschaftlichen Wirklichkeit, die durch Machtgier und die hemmungslose Bereitschaft des einzelnen Menschen gekennzeichnet ist, zur Befriedigung dieser Machtgier vor keiner noch so grauenhaften Gräueltat zurückzuschrecken. Für beide ist Macbeth nicht der außergewöhnliche Einzelfall, sondern ein repräsentativer Durchschnittsfall.

Ionescos Macbett handelt von Mord und Völkermord und ihrer Ursache, dem Streben nach Macht. So ist König Duncan nicht etwa der sanfte, milde Greis wie bei Shakespeare, sondern ein grausamer, zynischer, mordlüsterner Herrscher, für den Massenhinrichtungen den Zweck der Belustigung seiner selbst und seiner nicht minder grausamen und zynischen Frau, Lady Duncans, haben. Als getreuer Gefolgsmann seines Königs ist Macbett der zynische Handlanger Duncans, bevor er sich gemäß dem in der Geschichte waltenden Prinzip des Tötens und Getötetwerdens von den Hexen zur Rebellion verführen lässt. Gemeinsam mit Banquo, der kaum weniger ehrgeizig und machtgierig ist als Duncan und Macbett, tötet dieser den König und verspricht seinem Handlanger für dessen Mithilfe beim Mord den Posten eines Vizekönigs. Malcolm schließlich, Macbetts Mörder und der rechtmäßige Thronerbe und König von Schottland nach Macbett, wird schlimmer, blutiger, machtgieriger herrschen als seine beiden Vorgänger, nämlich so, wie Shakespeare ihn in IV, 3 gegenüber Macduff verkünden lässt: »Mein armes Land wird größere Laster tragen als zuvor«, sagt Ionescos Malcolm; anders als bei Shakespeare meint er es auch so, wie er es sagt. »Der Titel meines Stücks ›Macbett‹ hat zwei ›t‹, damit man es nicht mit dem Stück Shakespeares verwechselt«, schreibt Ionesco mit bitterer Ironie in einem Programmheft – und Ironie, Zynismus, Elemente der Farce kennzeichnen seine *Macbeth*-Version insgesamt. Sie weisen Ionesco – und nicht nur Ionesco – den Weg, sich mit einem beklemmenden Geschichtsbild zu arrangieren, das sich – prinzipiell anders als bei Shakespeare – als ein von Epochen der Friedfertigkeit nicht unterbrochener Kreislauf aus Machtgier und Mord darstellt und das Dasein zum Alptraum gerinnen lässt.

Ein sehr ähnliches Geschichtsbild tritt uns auch im *Macbeth* des in der DDR lebenden Schriftstellers *Heiner Müller* entgegen. Die Welt erscheint bei ihm als Schlachthaus, in dem skrupelloser Machtkampf herrscht und in dem beim hemmungslosen Streben nach Machtgewinn mit Ergötzen gequält und getötet wird. Macbeth ist wie Macbett ein austauschbarer Repräsentant dieser sadistischen Machtgier. Bereits schon am Anfang sehr viel weniger von Skrupeln auf seinem Weg zur Macht behindert als sein shakespearesches Vorbild, betrachtet der Macbeth der müllerschen Bearbeitung Mord, blutiges Gemetzel, tödliches Spiel mit Menschenleben als normalen Gang der Dinge. In seinem Dolch-Monolog heißt es: »Komm, altes Eisen, das die Könige tauscht / Geburtshelfer der Majestät. . . / Geh deinen Gang, / Wegweiser / Zur Macht, morgen vielleicht in meinem Rücken«. Es ist nur konsequent, dass in dieser Welt der Unbarmherzigkeit und Brutalität auch die übrigen schottischen Edelleute als grausame Sadisten dargestellt werden, allen voran Macduff, der wie Banquo schließlich im allgemeinen Kampf um Macht verblutet, den auch der Nachfolger Macbeths, der schottische König Malcolm, nicht etwa beendet, sondern unbarmherzig fortführt: Seine erste Amtshandlung ist die Erteilung des Befehls zum Hinrichten oder genauer: Abschlachten Macduffs.

Charakteristisch für Müller ist die gesellschaftskritische Einbettung dieses aus Machtgier und Brutalität bestehenden Geschichtsbildes in die konkrete historische Situation der Feudalherrschaft. Wie ein roter Faden ziehen sich die an die Bauernkriege erinnernden zahlreichen, von Müller frei hinzugefügten Bauernszenen durch das Stück, in dem König, Edelleute und Soldaten die Bauern gemeinsam quälen und schänden. Die Auswüchse und Perversionen der Feudalherrschaft gegen Ende des Mittelalters sind für Müller eine besonders augenfällige und daher von ihm exemplarisch vorgeführte Veranschaulichung der ihr zugrunde liegenden allgemeinen Auffassung vom brutalen

Lauf der Welt. Dementsprechend haben die Hexen völlig ihren rätselhaften Charakter als Schicksalsschwestern, der ihnen im Original eigen ist, verloren. Gelegentlich ihres Besuches bei Macbeth auf Schloss Dunsinane balgen sie selber »um die Krone mit Klauen und Zähnen« und leisten damit ihren grotesken Beitrag zu dem, was das Stück insgesamt illustriert: eine Welt sadistischer Machtgier und erbarmungsloser Grausamkeit.

2 Wort-, Sach- und Personenkommentar

Dem Kommentar zugrunde liegt der deutsche Text in der Übersetzung von Dorothea Tieck, ed. D. Klose, Stuttgart 1979 (Reclam Universal-Bibliothek Nr. 17) sowie – in Klammern – der englische Text der New Cambridge Edition, ed. J. D. Wilson, Cambridge 1947.

I, 1

8 Grau Lieschen (Graymalkin): Eigenname einer Katze oder eines Katers. Katzen sind traditionell beliebte Attribute des Hexenwesens.

I, 2

9 Macdonwald: Macdowald bei Holinshed; Aufständischer gegen König Duncan, von Banquo und Macbeth besiegt.

12 Westeilanden (the Western Isles): die Hebriden.

13 Kernen (kerns): leichtbewaffnete irische Fußsoldaten; – Galloglassen (gallowglasses): schwer bewaffnete irische Fußsoldaten.

24 Vetter (cousin): allgemein für Verwandter jedes entfernteren Grades als Sohn oder Bruder; Macbeth und Duncan sind Enkel König Malcolms.

31 Norwegs Fürst (Norweyan lord): s. 60.

41 Golgatha: als Hinrichtungsstätte Christi sinnbildlich für Stätte des Blutes, Stätte des Todes.

46 Than (thane): altschottischer Adelstitel, vergleichbar mit engl. earl, dtsch. Graf.

49 Fife: nördlich des Firth of Forth gelegene Grafschaft; Macduff ist der Than von Fife.

50 Norwegs (Norweyan): s. 60.

52 Norwegen (Norway): der König von Norwegen; s. 61.

53/54 Verstärkt durch . . . von Cawdor (Assisted by . . . of Cawdor): Holinshed berichtet nichts von einem Bündnis zwischen dem König der Norweger und dem Than von Cawdor.

55 Bellonas Bräut'gam (Bellona's bridegroom): der römische Kriegsgott Mars, mit dem Macbeth hier verglichen wird; Bellona: römische Kriegsgöttin; in der Mythologie häufig auch als Schwester oder Ehefrau des Mars (und nicht Braut) benannt.

60 Sweno: Holinshed berichtet von einer Invasion Schottlands durch die Dänen unter ihrem König Sweno. Die Invasoren werden besiegt, Sweno jedoch kann nach Norwegen fliehen. Vielleicht war die Flucht Swenos nach Norwegen für Shakespeare die willkommene Gelegenheit zur Veränderung der Nationalität des Eindringlings, um eine mögliche Kränkung Christian IV. von Dänemark zu vermeiden.

62 Sankt Columban (63 Saint Colm's Inch): Inchcolm oder St. Columba-Insel im Firth of Forth. In der Nähe der Insel wurde das Heer der Invasoren entscheidend besiegt.

63 Taler (64 dollars): Shakespeare drückt den Geldbetrag in der englischen Währung seiner Zeit aus; vgl. auch niederl., niederdtsch. dāler.

I, 3

7 Aleppo: Stadt im Norden Syriens, bedeutender Umschlagplatz für den Handel zwischen Europa und Asien; – Tiger: beliebter Name für Schiffe.

8 Sieb (sieve): Der Glaube an Hexen beinhaltete u. a., dass sie vorzugsweise Gerätschaften, Attribute u. Ä. verwendeten, die nach allgemeiner Erfahrung sehr unzweckmäßig oder wenigstens unüblich waren; vgl. 9: eine Ratte ohne Schwanz (a rat without a tail), und 46: Bärte (beards); vgl. auch das Reiten der Hexen auf Besenstielen durch die Luft.

22 Sieben Nächte, neunmal neun (sev'nights nine times nine): 567; nach einem zeitgenössischen Bericht war ein Schiff namens »Tiger« vom 5. Dezember 1604 bis zum 27. Juni 1606, d. h. 568 Tage lang, von England aus in die Levante unterwegs.

35/36 Dreimal. . .neun (Thrice. . .nine): Die Drei und ein Vielfaches davon waren von Hexen bevorzugte Zahlen.

39 Fores (Forres): das Schloss von Forres, König Duncans Residenz.

48 Than von Glamis (thane of Glamis): Macbeth hatte Titel und Grafschaft eines Thans von Glamis von seinem Vater, Sinel, bei dessen Tode übernommen; s. 71.

71 hör ich (I know): ist mir bekannt, weiß ich.

84 gift'gen Wurzel (insane root): vielleicht Schierling, Bilsenkraut oder ein Nachtschattengewächs wie die Tollkirsche.

112 Rebellen (rebel): Macdonwald, vgl. Anm. zu I, 2, 9.

126 Vettern (127 Cousins): Banquo, der wie Ross und Angus den Adelstitel eines Than führt, verwendet »Vettern« als Ausdruck ihrer Gleichrangigkeit.

134 Versuchung (135 horrid image): die Vorstellung seiner Ermordung Duncans; vgl. 139 Mord (Murder).

I, 4

39 Prinz von Cumberland (The Prince of Cumberland): Cumberland war damals ein von der englischen Krone an die schottische Krone gegebenes Lehen; der Titel des Prinzen von Cumberland wurde traditionell dem designierten schottischen Thronfolger übertragen.

44 Inverneß (42 Inverness): das Schloss von Inverness ist Macbeths Stammsitz.

I, 5

30 goldnen Zirkel (27 golden round): bildlich für Königskrone.

I, 6

20 Knecht und Diener (hermits): Eremiten; hier Fürbitter, d. h. Leute, die zu arm sind, den gebührenden Dank auch anders als nur durch Fürbitte zu bezeigen.

28 als Verwalter (26 in compt): nur zur Pacht, nur in Kommission.

I, 7

Regieanm. Vorschneider (sewer): der für die Bewirtung von Gästen zuständige Bedienstete.

31-34 Ich habe. . .jenseits niederfällt (25-28 I have. . .th'other –): Macbeth vergleicht seine beabsichtigte Mordtat mit der zu Shakespeares Zeiten unter Reitern beliebten sportlichen Übung, mit einem Sprung von der Seite auf den Pferderücken zu gelangen. Dabei konnte es leicht passieren, dass der Springer auf der anderen Seite des Pferdes zu Boden fiel (Macbeth wird durch das Auftreten der Lady Macbeth daran gehindert, seinen Satz mit »side« zu Ende zu sprechen.)

53 Sprichwort (45 adage): Anspielung auf das Sprichwort: »The cat would eat fish, but would not wet her feet« (»Die Katze will Fische fangen, ohne sich die Füße nass zu machen«) .

60 Traf damals zu (52 Did then adhere): waren damals günstig; – du wolltest beide machen (you would make both): Du wolltest beide (Zeit und Ort) zu deinen Gunsten gestalten.

62 Macht dich zu nichts (54 unmake you): macht dich zaudern, macht dich zurückschrecken.

76 Dampfhelm (67 limbec): neuengl. alembic Destillierapparat, Destillierkolben. Nach den anatomischen Vorstellungen der Shakespeare-Zeit befand sich das Gedächtnis am unteren Rande des Gehirns. Unter Alkoholeinfluss stiegen Ausdünstungen aus dem Gedächtnis in das Gehirn auf und verliehen diesem so die Funktion eines Destillierapparates.

II,1

32 Soll sie die Glocke ziehn (She strike upon the bell): das zwischen Macbeth und Lady Macbeth verabredete Zeichen, das ihn zur Ausführung der Tat rufen wird; vgl. 65 die Glocke mahnt (62 the bell invites me).

44/45 Mein Auge. . .alle wert (Mine eyes. . .the rest): Wenn der Dolch nicht existiert, dann sind seine Augen die Narren der übrigen Sinne, d. h. sie trügen ihn; wenn der Dolch jedoch existiert, dann vermögen seine Augen übernatürliche Erscheinungen wahrzunehmen und sind also (mindestens) so viel wert wie die übrigen Sinne.

52 bleichen Hekate (pale Hecate): Hekate ist die griech. Göttin u. a. allen nächtlichen Unwesens, der Zauberei und Giftmischerei, der Hexen und Dämonen. Da sie für ihr unheimliches Treiben die Nacht bevorzugt, erscheint sie auch als Mondgöttin, daher pale: fahl, bleich.

56 Tarquin: Sextus Tarquinius, Sohn des letzten römischen Königs, entehrte Lukretia, die Frau seines Verwandten Tarquinius Collatinus. Macbeth vergleicht sein eigenes Aufbrechen zur Mordtat mit Tarquinius' unheilvollem Gang zu Lukretia. Shakespeare hatte 1594 in seinem zweiten Gedicht, *The Rape of Lucrece,* die Geschichte der Entehrung Lukretias nacherzählt.

II, 2

7 Natur (nature): die Kräfte des Lebens.

19 Donalbain: der jüngere der beiden Söhne König Duncans.

25 Dort wohnen zwei beisammen (There are two lodged together): sinngemäß: Was ist schon dabei? Da sind halt zwei in einem Zimmer untergebracht, und die reden eben miteinander; – zwei (two): die beiden Königssöhne (J. D. Wilson, K. Muir); problematisch bleibt, warum Lady Macbeth in 19 nur Donalbain erwähnt. Oder sind die beiden Kämmerlinge des Königs gemeint (A. C. Bradley)?

58 gemalten Teufel (55 painted devil): Ein nur gemalter, nur abgebildeter Teufel ist harmlos; impliziert sind gemalt = blutbeschmiert und Teufel = Schmähwort für Duncan.

64 Meergotts (60 Neptune's): in der römischen Mythologie ist Neptun der Gott des Meeres.

II, 3

3 Pachter (5 time-server): J. D. Wilsons Emendation für »time« des Folio-Textes; analog zu 8 Zweideutler (equivocator) und 12 Schneider (14 tailor) ist auch hier ein Personalsubstantiv zu erwarten; time-server sinngemäß: der Bauer, dessen Erwerb sehr stark vom Wetter und von den Jahreszeiten abhängig ist.

4 der sich. . .Ernte aufhing (4/5 hanged himself. . .of plenty): sinngemäß: Erhängte sich, weil er wegen einer unerwartet guten Ernte sein zuvor in großen Mengen gehortetes Getreide nicht teuer verkaufen konnte, d.h. weil er sich als Getreide-Spekulant ruiniert hatte.

7 des andern Teufels Namen (7/8 th'other devil's name): nach Beelzebub (3) hier Satan oder Teufel; der Pförtner assoziiert mit jedem der drei zur Hölle Verurteilten eine andere Bezeichnung des Teufels; vgl. dtsch. »in des Drei-Teufels Namen«.

8 Zweideutler (equivocator): jemand, der zweideutig spricht, Schwindler, Lügner, Meineidiger; vielleicht eine Anspielung auf den Jesuitenpater Henry Garnet, der am 28. März 1606 wegen seiner Beteiligung an der Pulververschwörung zum Tode verurteilt wurde. In der Gerichtsverhandlung hatte sich Garnet zum Meineid bekannt, wenn dieser aus Glaubensgründen geboten scheint.

13/14 französischen Hose (French hose): nach französ. Mode enge Hose, bei deren Zuschnitt das Stehlen von Stoff eher auffallen musste als beim Zuschnitt einer weiten Hose.

15 Bügelgans braten (14 roast your goose): bildlich für das Bügeleisen heiß machen.

18/19 Rosenpfad zum ewigen Freudenfeuer (the primrose. . .everlasting bonfire): iron. Bild für Weg zur Hölle.

19-21 Ich bitt. . .Mensch ist (19/20 I pray. . .the porter): Zur Shakespeare-Zeit vom Schauspieler in der Hoffnung auf Trinkgelder, etwa mit der Mütze umgekehrt vorgestreckt, zu den Zuschauern gesprochen.

57-67 Die Nacht. . .Nach ihresgleichen (54-63 The night. . .to it): Der gewaltsame Tod von Königen und anderen Hochgestellten fand nach elisabethan. Auffassung entsprechenden Ausdruck in der Natur; vgl. II, 4, 1-20.

63 dunkle Vogel (59 obscure bird): Umschreibung für Eule; die Eule wird bereits in den altägyptischen Hieroglyphen als Symbol des Todes verwendet.

72 Des Herrn geweihten Tempel (68 The Lord's anointed temple): Nach Auffassung der Tudors und Stuarts hatte ein König sein Amt auf göttliches Gebot hin und in Stellvertretung Gottes inne.

76 Gorgo (72 Gorgon): In der griech. Mythologie ist die Gorgo Medusa ein Ungetüm der Unterwelt; wer sie anblickt, wird zu Stein.

78 Sturmglock' (74 alarum bell): die Sturmglocke der Burg; zugleich die Glocke des Globe-Theaters, wenn *Macbeth* hier (und nicht bei Hofe) aufgeführt wurde.

149/150 um so. . .dem Tode (140/141 the near. . .nearer bloody): sinngemäß: je näher der Blutsverwandte, desto größer ist die Gefahr für uns, von ihm ermordet zu werden.

II, 4

1-20 Auf siebzig. . .selbst gesehn (Threescore and. . .upon't) s. Anm. zu II, 3, 57-67.

7 Wanderlampe (travelling lamp): bildlich für Sonne.

33 Scone: alte Abtei und Stadt nördlich von Perth, beliebte Residenz und traditioneller Krönungsort der schottischen Könige.

34 Colmes Kill (33 Colme Kill): alter Name für die Hebriden-Insel Iona; traditionelle Begräbnisstätte der schottischen Könige.

37 Fife: s. Anm. zu I, 2, 49.

39 Bequemer war. . .zu tragen (38 Lest our. . .our new): Ausdruck der Befürchtung, es werden unter dem neuen König, Macbeth, schlechtere Zeiten kommen.

III, 1

33 Fleance: Banquos Sohn; unhistorische, legendäre Gestalt wie Banquo. Die Stuarts, denen James I. von England angehörte, pflegten die Tradition, dass Fleance nach seiner Flucht (vgl. III, 3) die Tochter des Prinzen von Wales heiratete und mit ihr einen Sohn hatte, der später Lord High Steward (Großhofmeister) von Schottland wurde und daher den Familiennamen Steward, d. i. Stuart, annahm; von ihm leitete sich die Dynastie der Stuarts her.

58 fremde (62 unlineal): nicht von mir abstammend.

63 unsterblich Kleinod (67 eternal jewel): bildlich für unsterbliche Seele.

64 Erbfeind aller Menschen (68 common enemy of man): Umschreibung für Teufel.

66 Schranken (70 list): Tournierfeld

78 halben Seele (82 half a soul): Schwachkopf, Blödian

89 Verzeichnis (91 catalogue): Verzeichnis, das nur auflistet, ohne auch Qualitätsmerkmale anzugeben.

92 Rangregister (94 valued file): Verzeichnis mit Nennung von Qualitätsmerkmalen.

III, 2

17 der Dinge Bau (16 the frame of things): Umschreibung für das Universum.

18 Die beiden Welten (16 both the worlds): die himmlische und die irdische Welt, d. h. das ganze Universum.

45 dunkeln Hekate (41 black Hecate): s. Anm. zu II, 1, 52; »dunkel« weist nicht nur auf die Nacht, sondern auch auf das Böse hin.

46 hornbeschwingte (42 shard-borne): Bedeutung umstritten; im Mist ausgebrütet? von Flügelschalen emporgetragen?

55 Schuldbrief (49 bond): gemeint ist Banquos Leben, das dieser der Natur oder Gott schuldet.

57 dampfenden (51 rooky): voller Saatkrähen; von rook: Saatkrähe.

III, 4

1 Rang (degrees): Rangordnung, der die Sitzordnung bei Tisch entspricht.

65 Bilder deiner Furcht (61 painting of your fear): Shakespeare bietet hier eine Erklärung der Erscheinung als durch Angstzustände verursachte Halluzination an.

104 Anschaun (95 speculation): Ausdruck von Intelligenz.

110 hyrkan'scher Tiger (101 Hyrcan Tiger): Tiger aus Hyrkanien, d.i. Landschaft südlich des Kaspischen Meeres; er galt als besonders wild.

127 Was für Gesichte (116 What sights): Spätestens hier wird klar, dass nur Macbeth den Geist des toten Banquo wahrgenommen hat.

134 Fels, Bäume (123 Stones, trees): unter denen Mörder die Leichname ihrer Opfer versteckt haben.

135 Geheimnisdeutung (124 understood relations): Bedeutung umstritten; nur für Wahrsager verständliche Beziehungen zwischen Dingen, Ereignissen etc.? recht verstandene Hinweise? erhellte Zusammenhänge?

154 Würze (141 season): jeder durch Natur, Gewohnheit u.Ä. vorgegebene Zeitabschnitt; hier Ruhezeit.

III, 5

15 Acheron: in der griech. Mythologie einer der Flüsse der Unterwelt; bei Shakespeare und seinen Zeitgenossen oft in der Bedeutung von Hölle.

III, 6

33 Eduard (27 Edward): Edward der Bekenner, König von England 1042 – 1066; 1161 heilig gesprochen.

37 Northumberland: der Graf von Northumberland; – Siward: der Sohn des Grafen von Northumberland.

42 freie Ehr' (36 free honours): sinngemäß: Ehrungen, die ehrenhaft und nicht für kriminelle Gegenleistungen erworben werden.

44 den König (38 the king): Macbeth, wie aus Lennox' Erwiderung (39 Sent he to Macduff?) klar wird; der Folio-Text lautet allerdings: their king: d. i. der König des Grafen von Northumberland und seines Sohnes, also der englische König.

IV, 1

3 Harpyie (Harpier): Eigenname des Begleittieres der Dritten Hexe; Bedeutung unsicher; vielleicht Ableitung von harpy: Harpyie, d. i. großer Raubvogel Südamerikas.

24 scharfem (ravined): Bedeutung unsicher; für »ravenous«: raubgierig? für »ravening«: gierig fressend? Ableitung von »ravin«: »Raub, Beute« mit der Bedeutung: mit verschlungener Beute?

67 groß und klein (high or low): bezieht sich auf die Rangordnung der nachfolgenden Erscheinungen.

93 Birnams Wald (Birnam Wood): Waldgebiet auf einem Hügel westlich von Dunsinane; – Dunsinan (Dunsinane hill): Berg nordwestlich von Perth; Macbeth wird (V, 3) in seiner Burg auf Dunsinane hill, die einen freien Blick auf den Wald von Birnam gewährt (vgl. V, 5, 37-38), Zuflucht suchen.

Regieanm. nach 112: die acht Könige der Stuart-Dynastie in der Nachkommenschaft von Fleance' (s. Anm. zu III, 1, 33) Sohn, nämlich Robert II., Robert III., James I., James II., James III., James IV., James V., Maria Stuart oder, da nur von »Königen« die Rede ist, James VI.

120 Spiegel (119 glass): magischer Spiegel

122 zwei Reichsäpfel (121 two-fold balls): die beiden schottischen und englischen Herrscherinsignien in Form von Kugeln, die Erdkugel darstellend; vergleichbar dem Reichsapfel der deutschen Kaiser; – drei Zepter (treble sceptres): eine dreifache

Herrscherinsignie des Zepters zum Zeichen der Königsherrschaft von James VI. über Schottland, England und Irland.

IV, 2

14 Muhme (coz): Kurzform für »cousin«; zur Bedeutung vgl. Anm. zu I, 3, 126.
18/19 wenn wir. . . Uns unbewusst (when we . . . know ourselves): wenn wir ohne unser Wissen für Verräter gehalten werden.
19/20 wenn uns. . .wir fürchten (when we. . .we fear): wenn unsere Ängste die Ursache für Gerüchte sind.

IV, 3

4 Recht (birthdom): Vaterland, Geburtsland.
24 der hellste (22 the brightest): Luzifer.
48 der huldreiche England (43 gracious England): der gottbegnadete englische König.
140 Der alte Siward (134 Old Siward): der Graf von Northumberland.
146 der König (140 the king): der König von England, Edward der Bekenner.
148 seine Hilf' (142 his cure): Holinshed berichtet von Edward dem Bekenner, er habe die wunderbare Kraft besessen, an einer bestimmten Krankheit (s. Anm. zu 152) Leidende heilen zu können; und ferner, dass diese Kraft als Erbteil an seine Nachfolger auf dem englischen Königsthron übergehen würde (s. 160-162).
152 das Übel (146 the desease, the evil): Skrofulose.
166 Ein Landsmann. . .nicht kenne (160 My countryman; but yet I know him not): offenbar trägt Rosse typisch schottische Kleidung.

V, 1

37 Eins, zwei (34 One:two): Zählt Lady Macbeth das zwischen ihr und Macbeth vor dem Mord an Duncan verabredete Klingelzeichen? vgl. Anm. zu II, 1, 32.
47 diesem Auffahren (43/44 this starting): Macbeths Entsetzen angesichts des Geists des toten Banquo in III, 4.

V, 3

8 Englands Weichlingen (English epicures): Holinshed berichtet, dass die Engländer Schottland mit ausschweifenden Lebensgewohnheiten überzogen hätten. Dem Begriff der Epikureer liegt hier die unzutreffende Vorstellung zugrunde, Epikur (342-270 v. Chr.) hätte sinnlichen Lebensgenuss gelehrt. Was Epikur tatsächlich gelehrt hat, ist das Streben nach Seelenfrieden durch tugendsame Lebensführung.
15 Weißlebriger (lily-livered): laut zeitgenössischer physiologischer Auffassung war die blutgefüllte Leber Sitz des Mutes; eine blutleere Leber, d. h. eine »lilienweiße«, bedeutete Feigheit.
19 Seyton: Macbeths Waffenmeister.
27 Munddienst (mouth-honour): unaufrichtige Bezeigung von Ehrerbietung, Lippenbekenntnis.
51 Beschaun das Wasser (50/51 cast The water): den Urin untersuchen.
55 Rhabarber, Senna (rhubarb, senna): beide haben verdauungsfördernde Wirkung.
58 Bringt's (Bring it): die Rüstung, den Panzer.

V, 5

11 Haupthaar (my fell of hair): die Haare auf meiner Haut.
18 Sie hätte. . .sterben können (17 She should. . .died hereafter): Sie wäre ohnehin früher oder später gestorben.

18/19 es hätte. . .Wort gefunden (18 There would. . .a word): sinngemäß: früher hätte mich ein solches Wort, eine solche Nachricht sehr betroffen gemacht.

45 Ein zieh. . .die Entschlossenheit (42 I pall in resolution): Folio-Text: pull statt pall; sinngemäß: Ich sehe jetzt, dass Entschlossenheit doch zu nichts führt.

V, 6

2 Oheim (uncle): Siward, der Graf von Northumberland.

V, 7

1/2 Sie banden. . .entgegen kämpfen (They have. . .the course):Macbeth vergleicht sich einem mit einer langen Kette an einen Pfahl gebundenen Bären, auf den Hunde gehetzt werden; derartige Kämpfe zwischen Tieren dienten der Belustigung der Zuschauer; vgl. Hahnenkämpfe.

17 Kernenvolk (kerns): s. Anm. zu I, 2, 13.

29 Die uns vorbei haun (That strike beside us): Die uns mit ihren Hieben absichtlich verfehlen.

30 röm'schen Narren (V, 8, 1 Roman fool): Gemäß der Lehre der Stoa verübten zahlreiche besiegte römische Kämpfer Selbstmord, um nicht in Gefangenschaft zu geraten; vgl. Brutus und Cassius in *Julius Caesar* und Antony in *Antony and Cleopatra.*

45 der Engel (V, 8, 14 the angel): Luzifer

56/57 seltnes Ungeheuer. . .Stangen führen (V, 8, 25/26 rarer monsters. . .a pole): Es war eine beliebte Volksbelustigung, seltsame Menschen und Tiere in Marktbuden gegen Eintrittsgeld zur Schau zu stellen; aus Reklamegründen wurden oft Abbilder der Zur-Schau-Gestellten an einem Pfahl vor der Marktbude gezeigt.

78 vorn (V, 9, 46 before): vorne, auf der Vorderseite seines Körpers; d. h. der junge Siward hat nicht etwa entfliehen wollen, sondern tapfer gekämpft.

79 Gottes Kriegsmann (V, 9, 47 God's soldier): als tapferer Kämpfer hat sich der junge Siward einen Platz im Himmelreich verdient. Im Übrigen steht ihm dieser Platz ohnehin zu als Kämpfer auf Macduffs und Malcolms Seite; vgl. Gang der Handlung IV, 3.

88 des Reiches Perlen (V, 9, 56 thy kingdom's pearl): bildlich für die Adligen Schottlands.

104 ew'gen Gnade Gnadenhort (V, 9, 72 by the grace of Grace): mit Gottes Hilfe, so wahr mir Gott helfe.

107 Scone (V, 9, 75 Scone): s. Anm. zu II, 4, 33.

3 Struktur des Textes

I, 1

Als expositorische Szene dient I, 1 der Einführung der drei Hexen. Sie sprechen davon, dass sie noch vor Sonnenuntergang erneut zusammentreffen werden, und zwar um Macbeth, keinem geringeren als dem Titelhelden selbst, zu begegnen. Mit dieser Ankündigung wird die Tragödie in spannender Weise eingeleitet, spannend insofern, als im Rezipienten sofort Neugierde darauf erweckt wird, was die Hexen mit Macbeth und was Macbeth mit den Hexen zu tun haben werden.

I, 2

Der wichtigste dramaturgische Zweck auch dieser zweiten Szene ist Exposition. Hier werden uns wichtige Informationen vor allem über den Titelhelden geliefert, und zwar im Bericht des Captains, der dem König von Schottland und seinem Gefolge Einzelheiten zweier soeben geschlagenen Schlachten schildert, in denen sich Macbeth vor allen anderen Kriegshelden ausgezeichnet hat.

Dabei fällt auf, mit welchem Bedacht Shakespeare zwischen zwei Verrätern an der Sache des Königs und dem Titelhelden enge Beziehungen herstellt: einen der Verräter, Macdonwald, hat Macbeth im Zweikampf getötet und seinen Kopf hat er hoch an den Zinnen der Burg befestigt – triumphales Zeichen der Königstreue Macbeths und blutig-drohende Warnung vor jedwedem künftigen Treubruch. Der zweite Verräter, der Than von Cawdor, der sich mit den Norwegern gegen den schottischen König verbündet hatte, ist gefangen genommen und vom König zum Tode verurteilt worden. Noch vor der Vollstreckung des Urteils überträgt der König als Zeichen des Dankes dem siegreichsten Streiter in seinem Dienste, Macbeth, den Titel des Gefangenen.

Nicht nur die Tatsache, dass Macbeth zu diesem Zeitpunkt seinen vorbedeuteten Weg vom Gefolgsmann des Königs zum Gefolgsmann der Hexen nicht kennt, ist Manifestation tragischer Ironie, sondern auch die Tatsache, dass König Duncan Macbeth belobigt und belohnt, ohne zu ahnen und auch nur ahnen zu können, dass der Belobigte und Belohnte sein Mörder sein wird.

Im Gegensatz zu seiner Quelle führt uns Shakespeare in König Duncan einen milden Greis vor, der zu alt ist, um selber noch im Schlachtgetümmel mitkämpfen zu können, und der im Eingeständnis seiner Schutz- und Hilfsbedürftigkeit die treuen Dienste seiner Gefolgsleute dankbar annimmt und großzügig belohnt.

Der erste Teil dieser deutlich dreigeteilten Szene, eine Fortsetzung der Selbstdarstellung der Hexen, reicht bis einschließlich Macbeths Frage an sie: »What are you« (Was für Wesen seid ihr)? Die Selbstdarstellung wird nunmehr noch unterstützt durch die Beschreibung, die Banquo von den Hexen gibt. Danach sehen sie ganz anders aus als auf dem zeitgenössischen Holzschnitt in Holinsheds Chronik, wo sie zwar mit hässlichen Gesichtern, aber durchaus nicht als widerwärtige alte Vetteln dargestellt sind, sondern mit ihren kostbaren, reich bestickten Kleidern und kunstvollen Frisuren und Hüten vielmehr vornehmen, gar adeligen Damen ähneln. Freilich stimmt diese Darstellung auf dem Holzschnitt nicht mit Holinsheds eigener Beschreibung überein, der sie als »sonderbar wild« bezeichnet. Shakespeare folgt der Beschreibung, nicht der Illustration seiner Quelle, denn wir hören aus Banquos Mund, sie seien »So withered, and so wild in their attire« (So dürr und in ihrer Kleidung so unordentlich) und hätten raue, runzelige Finger, dünne Lippen und trügen Bärte! Macbeth erkennt sie sofort als nicht von dieser Erde, denen als un-irdische und also un-menschliche Wesen vielleicht sogar die Gabe der Sprache fehlt: Um dies festzustellen, fordert er sie auf: »Speak, if you can« (Sprecht, sofern ihr könnt).

Mit dem zweiten Teil der Szene beginnt die dramatische Handlung: Wir erleben, wie Macbeth den Bannkreis betritt – zumindest im übertragenen Sinn. Die Hexen verkünden ihm, dem Than von Glamis, dass er inzwischen auch Than von Cawdor sei, und prophezeien ihm, dass er König werden wird. Kein Wort verlieren sie dabei über nähere Einzelheiten, über das Warum und Wann und Wie.

Der erste Satz, mit dem sich Macbeth dem Publikum präsentiert, »So foul and fair a day I have not seen« (Einen solchen Tag, der zugleich so schön und grässlich ist, habe ich noch nicht erlebt), ist eine sehr auffällige Anspielung an das Wort, das die Hexen in I, 1 als ihre Maxime verkündet hatten. Was Macbeth mit »so fair a day« meint, ist zweifellos der Tag der Siegesfreude für den schottischen König und seine Getreuen; mit »so foul a day« beschreibt er das Wetter über der Heide, den höllischen Blitz und Donner und den gespensterhaften Nebel, von dem sich die Hexen gespenstisch ablösen. So stellt Shakespeare mit wenig mehr als zwei motivstiftenden Wörtern und reichlichem Gebrauch von Theaterqualm eine unheilträchtige enge Beziehung her zwischen seinem Helden und den Hexen, die im Personalverzeichnis als Weird Sisters, schicksalstiftende Schwestern, vielleicht treffender noch bezeichnet sind.

Die enge Beziehung, die bei Eröffnung der Handlung hier zwischen Macbeth und den Hexen waltet, spricht auch und sehr beredt aus der Reaktion des Helden auf die Prophezeiung; Banquo schildert uns die Reaktion mit den

Worten: »Good sir, why do you start and seem to fear / Things that do sound so fair?« (Guter Macbeth, warum erschreckt Ihr? Ihr scheint Dinge zu fürchten, die doch so erfreulich klingen). Die denkbare Möglichkeit, er erschrickt, weil er Angst vor der Bürde der Königswürde hat, scheidet aus wegen seiner bereits hier gezeigten Bereitschaft zur Annahme der Königswürde, mehr noch, seines offenbaren Verlangens nach ihr.

Die Antwort auf die Frage Banquos nach der Ursache des Erschreckens, eine Antwort, die Macbeth wohlweislich verschweigt, steigt vielmehr aus jener engen Beziehung zwischen ihm und den Hexen auf, die uns Shakespeare mit so viel Kunst und Sorgfalt dargetan hat: Macbeth hatte schon vor der Begegnung mit den Hexen darüber nachgedacht, wie er auf den Königsthron gelangen könnte, sollte aller Erwartung zum Trotz der alte Duncan ihn doch nicht zu seinem Nachfolger bestimmen; und das Nachdenken hierüber hat ihn auf böse, verbrecherische Gedanken gebracht: Er fühlt sich ertappt; darum erschrickt er.

Banquo erschrickt nicht. Vielmehr nimmt er die Prophezeiung, die die Hexen für ihn bereithalten, nämlich: zwar nicht er, doch seine Nachkommen werden Könige sein, nüchtern und gelassen auf. So macht Shakespeare deutlich, dass die Worte der Hexen bei Macbeth auf fruchtbaren, durch seine eigenen Wünsche und Überlegungen vorbereiteten Boden fallen, während sie bei Banquo auf Gleichgültigkeit stoßen. Und gespenstergleich im Nebel verschwinden die drei Schicksalsschwestern, ohne auf die drängenden Fragen des Macbeth Antwort zu geben; sie haben den ersten Schritt zur Realisierung ihrer schicksalsschweren Pläne getan und können nun getrost auf die gewünschte Fortwirkung in Macbeths ehrgeiziger Seele rechnen.

Mit dem Auftritt von Ross und Angus beginnt der dritte Teil dieser Szene. Die beiden Boten übermitteln den Siegern der Schlachten den Dank ihres Königs und verkünden dem Than von Glamis, Macbeth, dass ihm in Anerkennung seiner königstreuen Kriegsdienste Titel und Würde des Thans von Cawdor übertragen worden seien. Während Banquo daraufhin scherzhaft fragt, ob denn der Teufel die Wahrheit sprechen kann, und damit dem Publikum endgültig Gewissheit darüber gibt, wessen Abgesandte die Hexen sind, ist die Botschaft für Macbeth die ersehnte Bestätigung der Prophezeiung. Zugleich scheint es Macbeth bewusst zu sein, dass er schon hier an einem teuflisch gefährlichen Scheidewege angelangt ist: In einem Monolog offenbart er nichts Geringeres als Mordgedanken, die ihn zu diesem Zeitpunkt freilich selber noch mit Entsetzen erfüllen.

Die Szene schließt mit dem Aufbruch Banquos, Macbeths und der Boten zum König. Macbeth nimmt Banquo, bevor sie gehen, bedeutungsvoll beiseite und verabredet mit ihm, zu gegebener Zeit über die Begegnung mit den Hexen noch einmal frei und offen zu sprechen. Sucht er Beruhigung des Gewissens, sucht er Entscheidungshilfe im Gespräch mit dem Freund?

I, 4

Im Königspalast haben sich Duncan und seine beiden Söhne nebst Gefolge eingefunden, um Regierungsgeschäfte zu erledigen. Der ältere Sohn Duncans, Malcolm, spielt dabei eine wichtige Rolle: Zunächst berichtet er von der Vollstreckung des Todesurteils an Cawdor, der reuig seinen Verrat eingestanden habe und tapfer wie ein Held gestorben sei. Darauf reagiert Duncan mit der Bemerkung: »There's no art / To find the mind's construction in the face: / He was a gentleman on whom I built / An absolute trust« (Es gibt keine Kunst, die Gedanken vom Gesicht abzulesen: Er war ein Edelmann, in den ich unbedingtes Vertrauen gesetzt hatte). Just in dem Augenblick betritt Macbeth (mit Banquo und den beiden Boten, die ihm auf die Heide entgegengeeilt waren,) das Zimmer und er wird mit überschwänglichen Dank- und Gunstbezeigungen vom König begrüßt – ein Höchstmaß an dramatischer Ironie: Der um eine enttäuschende Erfahrung reicher gewordene alte Mann begeht erneut denselben Fehler: Er vertraut dem neuen Than von Cawdor, wie er dem hingerichteten vertraut hatte.

Dann konzentriert sich die Szene abermals auf Malcolm: König Duncan ernennt ihn zum Prinzen von Cumberland und damit zugleich auch zu seinem Nachfolger auf dem Thron. In Macbeth muss diese Regelung der Thronfolge den Gedanken an Mord nur verfestigen: Er sieht den frisch ernannten Prinzen von Cumberland auf seinem ihm von den Hexen geweissagten Weg wie einen Stein, der übersprungen werden muss; und dies kann nur durch Mord geschehen.

I, 5

Die Szene dient zwar in erster Linie der Exposition des Charakters der Lady Macbeth, doch mit der Darstellung entscheidender Vorgänge in ihrer Seele wird auch die Handlung wesentlich vorangetrieben.

Unklar bleibt, wann und wo Macbeth den Brief geschrieben hat, in welchem er der Lady von seiner Begegnung mit den Hexen auf der Heide und ihren Prophezeiungen vorab berichtet. Vieldeutig schließt der Brief mit der Aufforderung: »Lay it to thy heart« (Lege ihn an dein Herz, d. h. lass dir die darin enthaltene Mitteilung wohl angelegen sein). Und es ist auffällig, dass die Lady den Bericht von Macbeths Begegnung mit den Hexen ohne jegliches Zeichen der Überraschung aufnimmt und dass ihre Gedanken sofort um eine verbrecherische Tat kreisen, die auszuführen sein wird, soll sich die Weissagung erfüllen. So stellt sich die starke Vermutung ein, dass Macbeth und Lady Macbeth gemeinsam schon früher über Möglichkeiten einschließlich verbrecherischer Mittel nachgedacht haben, wie sie die Königswürde erlangen könnten.

An solche Überlegungen scheint die Lady unmittelbar anzuknüpfen, wenn sie in ihrem Monolog Befürchtungen äußert, Macbeth sei seinem Charakter nach zu weich und zu gut (»too full of the milk of human kindness«), um die, wie sie meint, unumgängliche Freveltat auszuführen. Daher bekundet sie, dass sie ihm hilfreich sein, ihn anstacheln werde, nach der Krone zu greifen, die das Schicksal für ihn bereithält.

Da kündigt ihr ein Bediensteter die Ankunft König Duncans und ihres Mannes an, und als wäre dies für sie ein unmittelbarer Aufruf zur Tat, verfällt sie in diabolische Schwärmerei, den Beistand von Höllengeistern erflehend, sie mit erbarmungsloser Grausamkeit zu erfüllen und ihr beizustehen, damit die Tat gelinge.

I, 6

Die Hofgesellschaft König Duncans nähert sich plaudernd dem Burgtor. Dann tritt die Lady auf und begrüßt den König mit geheuchelter Liebenswürdigkeit. Der König dagegen, ohne Arg, bestätigt die hohe Gunst, in der Macbeth bei ihm steht.

Es ist auffällig, wie häufig Shakespeare in dieser kurzen Szene das Gastrecht erwähnt, in dessen Schutz sich der alte König begibt. Fast durchweg spricht Duncan von Macbeth und der Lady als von seinen Gastgebern und von sich selber sagt er mit merkwürdigem Nachdruck: »We are your guest to-night« (Wir sind heute Nacht Euer Gast). Wir wissen, es ist das Gastrecht der Hexen und Teufel, das ihm zuteil werden wird.

I, 7

Das Fest- und Siegesmahl neigt sich, hinter der Szene und daher für die Zuschauer nicht sichtbar, dem Ende zu. Dann erscheint Macbeth und offenbart in einem Monolog den inneren Kampf, den er mit sich ausfechten muss, malt er in Bildern, die an das Jüngste Gericht gemahnen, seine Gewissensqual aus, zählt er Argumente auf, die dagegen sprechen, die mit seiner Frau verabredete Tat auch auszuführen. Als einziger Grund für den Mord, so erkennt Macbeth nun, bliebe maßloser Ehrgeiz. Als darauf die Lady erscheint, hat er sich entschlossen: »We will proceed no further in this business« (Wir wollen in dieser Angelegenheit nichts weiter unternehmen).

Die Lady kennt den Wankelmut ihres Mannes und sie kennt auch den Einfluss, den ihre Willensstärke auf ihn auszuüben vermag. So hat sie leichtes Spiel, Macbeth erneut umzustimmen und endgültig für den Mordplan zu gewinnen, den sie, die Energischere, Willensstärkere, bis ins Detail ersonnen hat und in dem er kaum mehr als die Rolle eines willenlosen Mordgehilfen spielt.

II, 1

Der Kampf in Macbeth zwischen seinem Gewissen, seinem besseren Ich einerseits und den unheimlichen Mächten, repräsentiert von den drei Schicksalsschwestern und seiner Frau, die mit seinem Ehrgeiz im Bunde sind, andererseits ist entschieden, wenn auch noch nicht ausgefochten: Die erste Szene des II. Aktes zeigt weitere, nach der Entscheidung endgültig fruchtlose Gewissensschläge in seiner Seele.

Unmittelbare Gefahr entdeckt zu werden droht ihm zunächst von Banquo. Daher lässt Shakespeare zu Beginn der Szene nicht von ungefähr Banquo auftreten, zusammen mit seinem Sohn Fleance, dem er andeutet, wie um sein Herz zu erleichtern, er habe mitunter »verfluchte Gedanken«, schlimme Träume. Ängstlich greift Banquo zum Schwert, als er ein Geräusch hört, und der auftretende Macbeth sagt beschwichtigend und vieldeutig auf Banquos Frage: »Wer da?« »Ein Freund«. Macbeth ist gekommen, weil er wissen will, wissen muss, wie Banquo über die Weissagung der Hexen denkt, und insbesondere, wie sich Banquo verhalten würde, träfe die Voraussage zu, Macbeth werde König sein. Und so beeilt er sich, erneut seinen Wunsch nach einem gelegentlichen Gespräch mit Banquo über die ganze Angelegenheit zu äußern, mehr noch, Vorteil für Banquo in Aussicht zu stellen, wenn er zu gegebener Zeit zu ihm halte. Banquo sagt das gelegentliche Gespräch zu und auch ferneres Mithalten, freilich unter der Bedingung, dass nichts Unehrenhaftes für ihn damit verknüpft sei.

Banquo und Fleance ziehen sich zur Nachtruhe auf ihre Zimmer zurück. Der folgende gewissensschwere Monolog Macbeths dient dramaturgisch der Raffung von Wartezeit: Macbeth muss warten, bis alle im Schlosse eingeschlafen sind, bis das mit der Lady verabredete Glockenzeichen ertönt. Quälend langsam verstreicht die Zeit, quälende Gedanken, Visionen zeitigend.

Das Glöckchen ertönt. In höchster Gewissensnot, die Ruchlosigkeit der Tat noch vor ihrer Ausführung kaum ertragen könnend, schleicht er sich davon, zu *seiner* Tat, trotz der Hexen und trotz der Lady, wie er wohl weiß.

II, 2

Die gesamte bisherige Handlung hat geradlinig zu dieser Szene geführt: der Ermordung des Königs. Die Spannung der Zuschauer, des Lesers über der Frage: wird Macbeth die Tat begehen oder im letzten Augenblick doch noch seinem besseren Ich folgen? wird gelöst und zugleich abgelöst durch die neue spannende Frage nach den Konsequenzen der Mordtat für den Mörder.

Angstvolles, schreckhaftes Rufen, wohl noch hinter der Szene, ist das Erste, was wir von Macbeth hören, als er, verstört und verängstigt, die Mordwaffen noch in den blutbeschmierten Händen, aus dem Schlafzimmer des Ermordeten in den Burghof zurückkehrt. Hier erwartet ihn die Lady, klaren Kopfes auf das unmittelbar Gebotene achtend: Sie fordert ihn auf, sich das verräterische Blut von den Händen zu waschen; die Dolche in das Mordzimmer zurückzutragen, um die Tat umso überzeugender den beiden Wächtern anlasten zu können; als Macbeth sich weigert, aus Angst, aus Gewissenspein, die Dolche zurückzubringen und den Gemordeten erneut zu schauen, eilt sie selber, es zu tun. Da klopft es am Burgtor. Die Lady, wieder im Burghof, nun selbst blutbeschmiert, mahnt, dass beide rasch in ihr Schlafzimmer gehen, um das Blut abzuwaschen; und wieder klopft es und die Lady verhöhnt ob seiner kindischen Schwäche den entgeisterten, entsetzten, angsterfüllten Mörder. In höchster Not der Seele wünscht Macbeth sich Auslöschung seines Bewusstseins, denn damit wäre auch sein kaum erträgliches Schuldbewusstsein getilgt. Klingt außer Verzweiflung auch Reue an, wenn Macbeth, als es abermals ans Burgtor klopft, wünscht: »Wake Duncan with thy knocking! I would thou couldst« (Weck' Duncan mit deinem Klopfen auf! Ich wünschte, du könntest es)?

II, 3

Das unheimliche Klopfen in nächtlicher Stille veranlasst schließlich den Pförtner sich aufzuraffen und seiner Pflicht nachzukommen. Sein nun folgender Monolog ist kunsttechnisch eine für die elisabethanische Tragödie so typische Szene, deren Aufgabe es ist, Entspannung, Erleichterung, heitere Abwechslung zu bringen, hier nach dem grauenhaften, erschütternden ersten Handlungshöhepunkt in II, 2. Dramaturgisch gesehen suggeriert Shakespeare abermals Zeitablauf, schafft er die Illusion des Verstreichens der Nacht. Auch inhaltlich fügt der Monolog sich sinnvoll in das Drama als Ganzes, indem er von reichlich Alkoholgenuss hervorgerufene Fantasiebilder des Pförtners zeigt, der glaubt, er sei Wächter am Höllentor und die da pochen, seien ein Bauer, ein Schwindler und ein Schneider, denen als Strafe für ihre kleinen Betrügereien der Weg in die Hölle gewiesen worden ist: Um wie viel mehr hat Macbeth die Strafe der Hölle verdient!

Als der Pförtner endlich öffnet, betreten Lennox und Macduff den Burghof und die Komik des Monologs wird zunächst noch im Dialog zwischen Macduff und dem Pförtner fortgesetzt. Doch dann tritt Macbeth auf und die Verschnaufpause für Zuschauer und Leser ist vorbei.

Macbeths Verhalten und Äußerungen, als alle im Burghof versammelt sind, dienen zwar der Verstellung, einiges ist jedoch zugleich auch aus ehrlicher Seele gesprochen, so etwa, wenn er sagt: »Had I but died an hour before this chance, / I had lived a blessed time« (Wäre ich nur eine Stunde vor diesem Vorfall gestorben, wäre mein Leben glücklich gewesen); und dann hören wir, dass Macbeth inzwischen bereits zwei weitere Morde, nämlich an den beiden Wächtern, begangen hat, auf die, wie auch Lennox meint, schwerster Verdacht des Königsmords fällt.

Die Lady gibt vor in Ohnmacht zu fallen: ihr – überzeugender? – Anteil am Verstellungsspiel. Donalbain und Malcolm jedenfalls, die allererst Anlass hätten, unverzüglich Aufklärung zu fordern, ziehen es vor, im Schutze der allgemeinen Aufregung unbemerkt zu entfliehen; nach England will der eine, der andere nach Irland. Die Motivation für ihre Flucht ist die Angst, ihnen könnte ein Gleiches wie dem Vater geschehen. Oder sind in der Angst bereits Verdachtsmomente enthalten, die sich zu Rachepläneń verdichten werden?

Banquo ergreift die Initiative: Er schlägt vor, man solle zusammenkommen, um zu beraten; seine Position, die er dabei einnehmen wird, erhebt er zum Bekenntnis: »In the great hand of God I stand« (In die mächtige Hand Gottes bin ich gestellt).

II, 4

Das Gespräch vor Macbeths Burg rafft Vorgänge zusammen, die der Zuschauer nicht miterlebt, die dennoch für das Voranschreiten der Handlung von Wichtigkeit sind: Ross äußert gegenüber Macduff, dass das Mordmotiv sicher nur »Ehrgeiz« gewesen sei. Macduff, der soeben von der Versammlung auf Macbeths Burg kommt, berichtet, man meine, die beiden von Macbeth erschlagenen Wächter seien die Königsmörder, von Donalbain und Malcolm dazu gedungen, die durch ihre Flucht diesen Verdacht auf sich gezogen hätten. Weiter berichtet Macduff, man habe Macbeth zum König ernannt und die feierliche Krönung in Scone stünde bevor. Warum er jedoch der Krönungszeremonie fernbleiben will, erfahren wir nicht.

III, 1

Die Szene eröffnend spricht Banquo einen kurzen Monolog, aus dem klar hervorgeht, dass er Macbeths Machenschaften zur Erlangung der Krone durchschaut hat. ». . .I fear / Thou play'dst most foully for't« (. . .ich fürchte, du hast falsches Spiel darum getrieben), sagt er. Wir dürfen davon ausgehen, dass er Macbeth weder in einem persönlichen Gespräch zur Rede gestellt noch ihn öffentlich, etwa in der Versammlung unmittelbar nach der Tat, angeklagt hat. Die Frage, warum nicht, bleibt ungeklärt.

Als dann Macbeth auftritt, nunmehr als König, gefolgt von der Königin, Hofleuten und Gästen, und zu sprechen beginnt, bemerken wir sehr bald, wie sicher, überlegen und überlegt er sein königliches Amt inzwischen auszuüben gelernt hat. Mit scheinbar unbedeutenden Bemerkungen, Fragen am Rande, mit lässiger Liebenswürdigkeit ersucht er Banquo, der mit seinem Sohn ausreiten will, doch pünktlich zum abendlichen Festmahl zurückzukehren, denn ohne ihn würde das Fest, wie Lady Macbeth geflissentlich einwirft, unvollkommen sein. Banquo sagt pflichteifrig pünktliche Rückkehr zu. Der König beurlaubt bis zum Festmahl auch die übrigen Gäste und nun hören wir den wahren Grund, weshalb er so sehr darauf drang, Banquo möge – mit seinem Sohn – zu abendlicher Stunde wieder zur Stelle sein: Macbeth hat Angst vor Banquo, vor seiner »hoheitsvollen Art«, seinem »unverzagten

Sinn«, vor der Prophezeiung seiner königlichen Nachkommenschaft. Am Ende hätte er, Macbeth, gar für Banquos »Brut« und nicht für sich selber seine Seele dem Teufel hingegeben und den »edlen Duncan« getötet?

Damit es so nicht komme, hat Macbeth, im Morden bereits geübt, Banquos Tod und gleich auch den Tod seines Sohnes beschlossen. Noch heute Abend, bei ihrer Rückkehr, soll es durch die Hand zweier gedungener Mörder geschehen.

III, 2

In einem kurzen Selbstgespräch offenbart Lady Macbeth, dass auch sie beunruhigt und ängstlich ist. Doch als Macbeth erscheint, verhehlt sie ihm gegenüber ihre unruhvollen Gedanken, um ihn nicht zu belasten; vielmehr bemüht sie sich, ihrem verzagten Gemahl Trost zuzusprechen; der jedoch entgegnet unumwunden, dass er nichts dagegen hätte, wenn die ganze Welt zu Grunde ginge, dass er lieber tot wäre, als dieses Leben der Angst und der Angstträume weiterhin zu leben: Weltfluchtstimmung als Konsequenz höchster Existenznot. Den toten Duncan, dem Macbeth ehrgeizig und mörderisch die Krone geraubt hat, beneidet er nun um die friedliche Grabesruhe.

Sachlich nicht einsichtig ist, warum Macbeth die Lady auffordert, Banquo heute Abend beim Festmahl mit besonders schmeichelnder Liebenswürdigkeit auszuzeichnen, während er doch seine und seines Sohnes Ermordung längst geplant und vorbereitet hat und er ihr demgemäß andeutet, dass heute Nacht eine weitere »deed of dreadful note« (Schreckenstat) ausgeführt werden wird, die sie loben wird, wenn sie vollbracht ist.

III, 3

In der Nähe des Schlosses lauern die gedungenen Mörder auf Banquos und seines Sohnes Rückkehr. Auch hier bleibt unklar, warum es entgegen II, 1 drei und nicht zwei Mörder sind. Die Unklarheit wird dadurch noch verstärkt, dass die beiden uns aus III, 1 bekannten Mörder selber überrascht sind, einen dritten am verabredeten Ort vorzufinden. Als Banquo und Fleance sich nähern, werden sie überfallen. Banquo stirbt, seinem Sohn gelingt im Schutz der Dunkelheit die Flucht.

III, 4

Gäste und Gastgeber betreten den festlichen Saal. Während die Gäste sich zur Tafel setzen, zeigt sich Macbeth in seiner Rolle als Gastgeber von der besten Seite, anscheinend gut gelaunt. Da schaut einer der Mörder zur Tür herein und berichtet, ohne dass die anderen es merken, dem Hausherrn vom Mord an Banquo wie befohlen und davon, dass Fleance entfliehen konnte. Macbeth reagiert auf die Mitteilung von Fleance' Flucht mit stoischer Gelassenheit:

Zwar weiß er, dass ihn neue Ängste erwarten, doch immerhin fühlt er sich für den Augenblick sicher.

Mit ausgesuchter Höflichkeit wendet Macbeth sich nun wieder seinen Gästen zu, schmeichelhafte Worte über den abwesenden Banquo sagend. Doch als er an der Tafel Platz nehmen will, findet er seinen Stuhl besetzt: Eine gespensterhafte Erscheinung des toten Banquo sitzt darauf, nur für Macbeth wahrnehmbar. Anfangs hält er die Erscheinung für einen bösen Scherz der Gäste, die den Leichnam da aufgepflanzt hätten. Sodann erkennt er jedoch, dass es der Geist Banquos ist; angsterfüllt ruft er ihn an: »Thou canst not say I did it« (Du kannst nicht sagen, dass ich es tat), als könnte er sein Gewissen von der Schuld wenigstens an dieser Mordtat rein halten.

Als die geisterhafte Erscheinung sich wieder entfernt hat, findet Macbeth nach angstvoll gestammelten Worten zur Beredsamkeit zurück. Erneut wendet er sich seinen Gästen zu und abermals fängt er an, liebenswürdig, heuchlerisch von Banquo zu sprechen, »der uns fehlt« und dem er zutrinken will – und schon wieder erscheint ihm der Geist des Toten. Diesmal reagiert Macbeth mit einem Zornesausbruch, schilt ihn, verwünscht ihn und – der Geist verschwindet! Als Macbeth seine Gäste nun gar noch verwundert befragt, wie sie es fertig brächten, angesichts solcher Erscheinungen ruhig Blut zu bewahren, erkennt die Lady, dass Abhilfe unmöglich ist: Ohne Umschweife entlässt sie die Gäste, um jedwede weitere Zeugenschaft der Selbstbloßstellungen Macbeths zu vermeiden.

Allein zurückgeblieben offenbaren Macbeth und die Lady, dass sie endgültig keine Hoffnung mehr haben, es werde sich für sie doch noch alles zum Guten wenden. Mit Ernüchterung begreift Macbeth die sprichwörtliche Erfahrungstatsache, dass »Blut mehr Blut will«, und mit grimmiger Entschlossenheit nimmt er die Konsequenz dieser Einsicht auf sich, nämlich mordgierig und blutrünstig auf seinem Wege voranzuschreiten; ihm fehle noch die rechte Übung im Blutvergießen, sonst nichts. Gleich morgen will er wieder die Hexen aufsuchen, um von ihnen mehr über sein Schicksal zu erfahren: Er ist auf das Schlimmste gefasst.

III, 5

Zusammen mit den drei Schicksalsschwestern tritt Hekate auf. Sie ist erzürnt darüber, dass die drei ohne sie, die Hexenmeisterin, Anstalten getroffen haben, Macbeth zu umgarnen und einzufangen. Zudem sei Macbeth für die Hölle ein aussichtsloser Fall. Dennoch beschließt Hekate, ab sofort an Macbeths Verderben mitzuwirken.

Freilich ist die Authentizität dieser Szene alles andere als sicher (vgl. S. 12). Auch ist Hekates Auffassung, Macbeth sei kein Fall für die Hölle, sachlich nicht zutreffend; desgleichen ist unlogisch, dass Hekate dieser Auffassung zum Trotz eine weitere Bearbeitung des Falles Macbeth für sinnvoll hält.

III, 6

Der Untergang Macbeths wird in dieser Szene, die zwar lediglich eine Berichtsszene ist, dramatisch eingeleitet. Shakespeare hält es offensichtlich für ratsam, die im 5. Akt folgenden Kriegshandlungen zu exponieren: Wir erfahren, dass Macduff bei Macbeth in Ungnade gefallen ist, und zwar weil er die Einladung zum »Fest des Tyrannen« – hier wird Macbeth erstmals so bezeichnet – schroff abgelehnt hat. Er sei, so hören wir weiter, unterwegs nach England, um den englischen König, Edward den Bekenner, um Waffenhilfe zur Befreiung Schottlands von seinem tyrannischen Herrscher zu bitten.

IV, 1

In III, 5 hatte Hekate als Wahlspruch für das weitere Vorgehen im Falle Macbeth verlauten lassen: »Security is mortals chiefest enemy« (Sicherheit ist der Hauptfeind der Sterblichen). Nun – in der Hexenküche – erleben wir mit, wie listig täuschend Hekate und ihre Helferinnen Macbeth das Gefühl der Sicherheit vermitteln.

Nach dem Ab- und Ausrollen des üblichen Hexendonners wird von den drei Schicksalsschwestern mit reichlich Höllendampf, Theaterqualm und anderem Ritual im brodelnden Kessel eine tüchtige Zauberbrühe zusammengebraut, zu deren allerhand höllischen Ingredienzien u. a. auch Körperteile vom Juden, Türken, Tartaren und vom erdrosselten Neugeborenen gehören: Diese Beigaben zum Höllenbrei sind eine ganz besondere Würze, stammen sie doch von Ungetauften. Wir sehen, selbst im ureigensten Bereich des Bösen, in der Hexenküche, ist das gute (christliche) Prinzip immer anwesend, auch wenn manifest nur in der Negation.

Als die Suppe endlich fertig ist, erscheint die Hexenmeisterin, prüft und lobt das Gebräu und sagt den drei Köchinnen Beteiligung am Gewinn aus dem bevorstehenden Zauberspuk zu: Macbeth kann kommen.

Schon ist er da. Fordernd bringt er sein Anliegen vor: Die Hexen sollen ihm im Namen all ihrer destruktiven Kunstfertigkeiten (in Analogie zu der Redensart: bei allem, was ihnen heilig ist) seine Fragen beantworten. Selbstverständlich sind die Hexen nur allzu gerne dazu bereit, haben sie sich doch mit allem dazugehörigen Spektakel gründlich darauf vorbereitet. Nur lassen sie an ihrer Stelle kompetentere Erscheinungen zu ihm sprechen.

Die erste Erscheinung ist ein mit einem Helm bewehrter Kopf, der dem des Macbeth gleicht, was dieser jedoch nicht bemerkt. Der Kopf warnt Macbeth vor Macduff. Die zweite Erscheinung hat das Aussehen eines blutigen Babys; es sagt Macbeth Sicherheit zu, indem es ihm verkündet, dass »none of woman born« (kein vom Weibe Geborener) ihm je gefährlich werden kann. Eine dritte Erscheinung schließlich stellt ein gekröntes Kind mit einem Zweig in der

Hand dar; es prophezeit Macbeth, er sei unbesiegbar, solange der große Birnamwald nicht hinaufsteige zur Burg von Dunsinane.

Macbeth frohlockt. Denn die Erscheinungen haben ihn glauben gemacht, er sei als König unbesiegbar, als Person durch keinen Menschen gefährdet; die einzige Gefahr, welcher Art auch immer, die ihm je drohen könnte, würde von Macduff ausgehen. So ist es nur folgerichtig, dass Macbeth sogleich beschließt, Macduff zu töten, um die Gefahr ein für allemal auszuschalten.

Den Hexen ist die Täuschung Macbeths vollkommen gelungen: Statt auf die Worte der Erscheinungen zu achten, hätte er lieber auf ihre bildliche, emblematische Bedeutung achten sollen: Dann hätte er in der ersten Erscheinung seinen eigenen abgehauenen Kopf erkannt, in der zweiten Macduff selbst, der durch Kaiserschnitt zur Welt gekommen ist, und in der dritten Malcolm, Duncans Sohn, den künftigen König, mit einem Zweig in der Hand, wie ihn seine Soldaten, abgeschlagen im Birnamwald, tarnend vor sich nach Dunsinane emportragen werden. »Foul is fair, and fair is foul«: Die Hexen verstehen ihr unheimliches Handwerk: Sie haben Macbeth die Wahrheit gezeigt und ihn zugleich mit Worten betrogen. Macbeth glaubt sich sicher, doch er täuscht sich, ist getäuscht worden: Der Hauptfeind aller Sterblichen steht im Begriff sich gegen ihn zu rüsten.

Einstweilen jedoch ist immer noch auch der andere Feind in Macbeths Seele am Werk, nämlich Ehrgeiz, dem sich jetzt der Neid hinzugesellt. So fragt Macbeth, wieder barsch fordernd, die Hexen, ob ihre Weissagung, Banquo werde der Ahnherr von Königen sein, nach wie vor gültig sei. Als Antwort lassen sie den Zauberkessel in der Versenkung verschwinden und stattdessen eine Reihe von acht Königen durch die Hexenküche schreiten, gefolgt von Banquos gespenstigem Geist. Entsetzt nimmt Macbeth zur Kenntnis, dass auch der diesbezügliche Teil der Weissagung der Hexen damals auf der Heide wahrgesprochen war.

Plötzlich ist der Höllenspuk vorbei und Lennox tritt auf, um zu melden, dass Macduff nach England geflohen ist. Auf Macbeth wirkt die Nachricht wie ein Rütteln an seiner Existenz, in deren Sicherheit er doch vor wenigen Augenblicken noch frohlockte.

IV, 2

Die Szene spielt auf Macduffs Schloss; Lady Macduff und Ross sind im Gespräch miteinander. Es ist offensichtlich, dass Macduff nach England geflohen ist, ohne seine Frau davon unterrichten zu können. So lebt sie in schrecklicher Ungewissheit, sie zweifelt sogar seine Liebe zu seiner Familie an. Ross, der den Grund der Flucht kennt, hält es politisch für klüger, ihn zu verschweigen, so sehr sein Herz ihn auch drängt, die angst- und sorgenerfüllte Frau zu trösten.

Nachdem Ross gegangen ist, besprechen Lady Macduff und ihr Söhnchen die Situation. Da tritt ein Bote auf und rät Mutter und Kindern zu eiliger Flucht. Während sie noch überlegt, warum und wohin sie fliehen sollten, dringen auch schon die Mörder in das Zimmer und töten Lady Macduff und ihr Söhnchen.

IV, 3

Wir befinden uns in England, am Hofe Edwards des Bekenners. Der erste, etwas langatmig ausgefallene Teil dieser Szene wird von Malcolm und Macduff bestritten: Malcolm muss um seiner Sicherheit willen herausfinden, auf welcher Seite Macduff steht: auf seiner, Malcolms Seite, d. h. der des rechtmäßigen Thronfolgers des ermordeten Duncan, oder auf der Seite des blutrünstigen Tyrannen Macbeth? An Macduffs Verzweiflung über den desolaten Zustand Schottlands erkennt er schließlich dessen feindselige Haltung Macbeth und unbedingte Loyalität ihm, Malcolm, gegenüber, und so verkündet er dem verdutzt Dreinschauenden, dass bereits ein Heer von 10 000 Mann gerüstet sei, um unter Führung des bewährten Siward gegen Macbeth, den Tyrannen, zu Felde zu ziehen.

Nun tritt ein Arzt auf und meldet, dass der englische König sogleich erscheinen werde. Wir erfahren, dass Edward der Bekenner die himmlische Gabe habe, an einem bestimmten Übel Schwererkrankte wundertätig zu heilen und dass diese Gabe sich auf seine Nachkommen auf dem Thron vererben werde.

Ross, auch er inzwischen vom Tyrannen abgefallen, erscheint und gibt einen grausigen Bericht von den unheimlich-diabolischen Zuständen, die unter Macbeth in Schottland herrschen. Dieser Bericht ist gleichsam die Einleitung, der Rahmen für seine erschütternde Mitteilung an Macduff, die er, sie hinauszögernd, um den Mann zu schonen, schließlich doch aussprechen muss: Frau und Kinder sind tot, gemordet.

Nur langsam vernimmt Macduff die unbegreifliche Wahrheit, zunächst keine Worte findend und dann nur wirre Fragen stellend, deren Antwort die Nachricht Lügen strafen soll. Doch dann bricht aus ihm die Entscheidung hervor, stark wie sein Pochen damals am Burgtor nach der Ermordung Duncans, die Entscheidung zur Rache. Im Bewusstsein, im Dienste des Himmels zu streiten, brechen Malcolm, Ross und Macduff und mit ihnen Siward und sein Heer nach Schottland auf.

V, 1

Seit III, 4 haben wir nichts mehr von Lady Macbeth gehört. Diese Szene, die nun ausschließlich ihr gewidmet ist, zeigt die tiefgreifende Verwandlung, die ihre Seele seit der Mordtat an Duncan erfahren hat. Aus der stolzen, ehrgeizigen, unnachgiebigen, blutgierigen Frau ist eine Wahnsinnige geworden, eine

Getriebene ihrer zur Manie ausgearteten Versuche, Schuldbeweise zu vertuschen.

V, 2

Schottische Edelleute und ihre Truppen befinden sich auf dem Marsch zum Wald von Birnam, wo sie sich mit dem unter Malcolms, Siwards und Macduffs Führung anrückenden englischen Heer verbünden werden. Aus den kurzen Gesprächen der Edelleute erfahren wir, dass sich Macbeth auf seiner Burg Dunsinane verschanzt hat und dass er – auch er –, wie man glaube, der Zerrüttung nahe sei. Unter Trommeln und Fahnenschwenken zieht das Heer vorbei, dem erbarmungslosen Kampf mit dem Tyrannen entgegen.

V, 3

Auf Schloss Dunsinane redet sich Macbeth seine Unverletzbarkeit ein, die Hexen haben sie ihm doch geweissagt. Sein prahlerisches Reden aber lässt die Angst vor dem Ende, statt sie zu verbergen, nur umso deutlicher hervorscheinen. Auch das folgende Gespräch Macbeths mit dem Arzt der Lady zeigt, wie heftig ihn Besorgnis und Angst ergriffen haben: Zwar fragt er nach dem Gesundheitszustand der Lady, doch die Antwort des Arztes, sie sei weniger krank als vielmehr heimgesucht von wilden Fantasiebildern, bezieht er gleichermaßen auch auf sich: Könne er, der Arzt, sie denn nicht davon heilen, könne er ein peinigendes Gedächtnis denn nicht tilgen? Während Macbeth sich, reichlich nervös, die Rüstung anlegen lässt, will er schließlich vom Arzt wissen, ob er nicht eine Medizin für Schottlands Krankheit kenne und eine weitere, um die Engländer zu vertreiben. Die rhetorische Frage bleibt unbeantwortet. Stattdessen spricht sich Macbeth selber, ehe er abgeht, noch einmal Mut und Zuversicht zu, redet er sich ein, keinen Grund zur Furcht zu haben, »bis der Wald von Birnam zum Schloss Dunsinane aufsteigen werde«.

Und er wird aufsteigen. Wir wissen es und auch Macbeth weiß es. Sein vorgeblicher Zweifel ist die Hoffnung des Verzweifelten.

V, 4

Verabredungsgemäß vereinigen sich beim Walde von Birnam die vom Tyrannen abgefallenen schottischen Edelleute und ihre Truppen mit dem aus England heranmarschierten Heer. Malcolm ordnet an, dass jeder Soldat einen Ast aus dem Birnamwalde schlagen und beim bevorstehenden Angriff auf Burg Dunsinane als Tarnung vor sich hertragen soll.

V, 5

Auf Burg Dunsinane sieht Macbeth mit scheinbarer Gelassenheit der Belagerung entgegen. Plötzlich hört man aufgeregte Weiberstimmen und gleich darauf meldet ein Bediensteter, dass die Lady tot sei. Macbeths Reaktion ist kaum überraschend: Sie verrät den Gleichmut dessen, der nichts anderes als den Tod auch für sich selber in nächster Zukunft erwartet, mehr noch: erhofft. Mit keinem Wort fragt Macbeth nach der Todesursache, stattdessen drehen sich in dem folgenden kurzen Zwiegespräch mit sich selber seine Gedanken ganz allgemein um die Nichtigkeit des Lebens.

Abermals tritt ein Bediensteter auf, diesmal um eine Meldung zu machen, die Macbeth in rasende, selbstzerstörerische Verzweiflung stürzt: Der Wald von Birnam steige herauf zur Burg Dunsinane! Nun erkennt Macbeth die Doppelzüngigkeit des Teufels, der wahr spricht und doch zugleich lügt. In der Aussichtslosigkeit seiner Lage, die Welt verwünschend, lässt Macbeth die Sturmglocke läuten, und, nach den Waffen greifend, eilt er, gefolgt von den wenigen bei ihm Verbliebenen, nach draußen, dem sicheren Tod entgegen, wie er weiß.

V, 6

Die englischen Soldaten unter Malcolms, Siwards und Macduffs Führung haben sich bis ans Burgtor herangeschlichen. Sie werfen die tarnenden Äste ab, Malcolm erteilt die nötigen Befehle und Macduff lässt als »Vorzeichen von Blut und Tod« die Trompeten zum Sturmangriff blasen.

V, 7

Im Schlachtgetümmel begegnen sich Macbeth und der junge Siward. Nach einem kurzen Gefecht überwindet und erschlägt er den Jungen und er verhöhnt den Toten obendrein als einen »vom Weibe Geborenen«, bevor er die Szene verlässt.

Schließlich treffen Macbeth und Macduff aufeinander: der Tyrann und der Rächer. Macbeth verhöhnt auch diesen seinen Gegner mit den Worten, er sei »vom Weibe geboren« und daher für ihn ungefährlich. Doch da erfolgt der vernichtende Gegenschlag: Macduff gibt höhnend zurück, Macbeth solle sich von den Mächten, denen er bisher gedient hat, auch den Rest der Wahrheit sagen lassen, nämlich dass er, Macduff, ein Kaiserschnittkind ist. Macbeth erkennt den Betrug der Hexen und lässt ab von Macduff. Doch als Macduff ihn daraufhin auffordert, die Waffen zu strecken und sich gefangen zu geben, packt ihn – zum letzten Male – der Mut des Verzweifelten: Haben ihn auch Hexen und Hölle betrogen, so will er nun doch kämpfen bis aufs Letzte, um sich nicht auch noch der Schmach auszusetzen, er sei ein Feigling gewesen. Geraume Zeit bleibt der Zweikampf unentschieden, bis es Macduff gelingt, seinem Gegner den entscheidenden, den tödlichen Hieb zu versetzen.

Die Schlacht ist geschlagen, der Sieg errungen. Unter Trommelwirbel und Fahnenschmuck versammeln sich Malcolm, Siward, Ross, weitere Thane und Soldaten. Ross berichtet dem alten Siward vom heldenmütigen Tod seines

Sohnes. Siward tröstet sich mit der Gewissheit, dass er als Kämpfer für Gottes gerechte Sache gefallen sei.

Dann tritt Macduff auf: Zum Zeichen des Sieges über Mordgier und Tyrannei hat er den abgeschlagenen Kopf Macbeths bei sich, aufgespießt auf einer Stange, wie wir vermuten dürfen. Er und alle Übrigen bringen dem neuen König von Schottland, dem rechtmäßigen Thronerben, Malcolm, ihre Huldigung dar. Dieser dankt und verspricht gerechte, pflichtgetreue Führung des königlichen Amts, »by the grace of Grace« (so wahr mir Gott helfe).

4 Gedanken und Probleme

4.1 Macbeth

Unter den tragischen Helden Shakespeares ist Macbeth in besonderem Maße ein komplexer, vieldeutiger, rätselhafter Charakter. Dies erklärt die Tatsache, dass die Urteile über Macbeth in Kritik und Forschung oft sehr unterschiedlich ausgefallen sind bis hin zu sich gegenseitig ausschließenden Positionen wie: Macbeth ist ein »guter« Charakter, der nur durch äußere Einflüsse und Umstände, die er nicht oder so gut wie nicht zu verantworten hat, auf den Weg des Verbrechens gelangt; Macbeth ist ein Bösewicht durch und durch, ein Verbrecher in Gedanken schon vor Beginn der Handlung des Dramas, und der Weg, den er konsequent geht, ist, als in seiner Person begründet, auch nur von ihm oder doch fast ausschließlich von ihm zu verantworten (vgl. Farnham, S. 81). So bestätigt eine Durchsicht der umfangreichen Literatur zu *Macbeth* die Feststellung D. J. Enrights (S.121):

> »Jeder bewundert *Macbeth;* fast jeder hat über das Drama geschrieben. Und doch bleiben einige Probleme weiterhin bestehen [. . .] Das größte hierunter – wenn man dies nicht richtig löst, kann man das Stück als Ganzes nicht verstehen – ist Macbeths Verantwortlichkeit oder nicht für seine Verbrechen oder das Ausmaß an Verantwortlichkeit, das ihm zugesprochen werden muss.«

Die Frage, die zur Lösung des Problems »Verantwortlichkeit oder nicht« mit allen denkbaren Abstufungen zwischen »verantwortlich« und »nicht verantwortlich« führt, lautet: Was veranlasst Macbeth zum Mord an König Duncan? Er selbst nennt als Motivation »vaulting ambition« (maßlosen Ehrgeiz; I, 7, 27); und er sagt unmissverständlich, worauf sich sein Ehrgeiz richtet: In seinem Brief an die Lady nennt er sie »my dearest partner of greatness« (meine liebste Gefährtin im Großsein; I, 5, 10–11): Ehrgeizige Sehnsucht nach Größe, der faustische Titanendrang des Menschen, über sich hinauszuwachsen, wäre es also, was Shakespeare in *Macbeth* tragisch gestaltet. Freilich stellt sich die Frage, warum Macbeth zu verbrecherischen Mitteln greift, um seinen Ehrgeiz zu befriedigen. Sofern wir *Macbeth* als Charaktertragödie (und nicht als Schicksalstragödie) verstehen, müssen auch die Gründe hierfür in seiner eigenen Person zu finden sein. Hierzu ist gesagt worden, er sei der Versuchung erlegen (Whately, S. 33, Schlegel, S. 173), der Ehrgeiz, die höchste Stufe der Macht zu erklimmen, habe sich zu einer den Mann völlig beherrschenden Leidenschaft entwickelt (Maginn, S. 184), die alle Gegenkräfte in seiner Seele wie die Loyalität gegenüber König Duncan, seine Menschlichkeit, sein Gewissen, seine Religiosität zum Stillschweigen gebracht und damit wirkungslos gemacht habe. Whately nennt ihn einen Mann »edler Gefühle fähig«. »Es bedarf des Eingreifens übernatürlicher Mächte, um ihn zu einer Tat zu verleiten, die so sehr gegen seine Natur ist.« (S. 33) Schlegel versteht die Tragik Macbeths in der »Verwüstung so herrlicher Anlagen« (S. 174) und Muir meint, »Macbeth ist ein edler und begabter Mann«, der »bis ins Innerste seines Wesens vom Schrecken der Tat berührt ist« (1959, S. LIIIf.). Auch Lady Macbeth, seine Frau, die ihn besser kennen sollte als alle Interpreten, stimmt in den Chor der Lobpreisung des Charakters ihres Mannes ein, wenn sie von »the milk of human kindness« (Milch der Menschenliebe; I, 5, 17) spricht, die kraftvoll in ihm wirke.

Der Hinweis auf »edle« und »gute« Charakterzüge in Macbeth führt konsequent dazu, ihn – zumindest am Anfang des Stückes – als den großen Zweifler und Grübler zu verstehen, dessen Zweifel, Grübel, Nachsinnen, Gewissensbisse, Seelenpein beredten Ausdruck finden »in Bildern, die beängstigend und erschreckend sind« (Bradley, S. 352). Weil er weiß, dass die Tat frevelhaft ist, weil er fürchtet, dass er kaum erträgliche Schuldgefühle wird ertragen müssen, weil er entsetzliche Angst vor dem Verlust seiner Seele hat, zaudert er – wie Hamlet –, die Mordtat zu begehen. Und dennoch begeht er sie und in ihrer Folge zahlreiche weitere: Macbeth – der moralische Schwächling (Fletcher, S. 109f.), der klägliche Versager vor dem Anspruch des auch von ihm selbst uneingeschränkt anerkannten Sittengesetzes, der im Grunde gute Charakter, der zu schwach ist, im rechten Augenblick »Nein« zu sagen.

Warum, inwiefern ist er zu schwach, dem Andringen des Ehrgeizes, der Versuchung, mit verbrecherischen Mitteln zu höchster Macht zu gelangen, zu widerstehen? Die Antwort hierauf scheint auf der Hand zu liegen: Die suggestive Wirkung der Hexenweissagung und das Drängen der willensstarken Lady erweisen sich schließlich als so machtvoll, dass die moralischen Gegenkräfte in Macbeth nicht ausreichen, um dem hinreichenden Widerstand entgegenzusetzen. Diesem Argument ist schlechterdings nicht zu widersprechen, wenn es dahingehend erweitert wird, dass

> »von Anfang an [. . .] Macbeth mehr [ist] als sozusagen nur eine unscheinbare historische Gestalt. Durch die Gleichsetzung seiner Person mit der Idee der Revolte wird er zum Bild einer der hervorstechendsten bösen Mächte im Leben. [. . .] Macbeths Funktion als Emblem und Verkörperung des Bösen wird unterstrichen durch seine förmliche Selbsthingabe an das Böse als einen Seinsmodus [. . .]« (Holloway, S.73)

Nur gelangen wir dann in jenen Bereich, der nicht mehr als Charaktertragödie, sondern als Schicksalstragödie definiert werden muss, die Macbeth als einen Spielball der Mächte der Finsternis freilich von jeder persönlichen Schuld freisprechen und ihn zu einem zwar bedauernswerten, doch psychologisch und moralisch uninteressanten »Opfer« machen würde.

Im Gegensatz zu dem bisher Gesagten erkennt daher eine Reihe anderer Interpreten in Macbeth einen im moralischen Sinn von Grund auf »schlechten« Charakter, sodass sich ihnen das Problem, wie ein »guter« Mensch so böse Taten vollbringen kann, gar nicht stellt. Für sie ist die beherrschende Regung seiner Seele skrupellose Selbstsucht (Fletcher, S. 109), die sich als »Machtgier« (Knights) äußert. »*Macbeth* schildert eine besondere Art des Bösen – das Böse, das aus Machtgier erwächst.« (Knights, S. 120) Sein Zögern vor dem ersten Mord, seine angeblichen Gewissensbisse sind nur Ausdruck seiner Angst vor Strafe. Und tatsächlich gibt es Textstellen, die darauf hindeuten, dass Macbeth anfänglich viel weniger von Gewissensbissen geplagt wird als vielmehr nur praktische Einwände gegen die Tat durchspielt (z.B. I, 7, 12–25), die freilich den Helden selber nicht überzeugen. In diesem Zusammenhang ist die Feststellung wichtig, dass die Prophezeiungen der Hexen keine Aufforderung zum Mord oder anderen Verbrechen enthalten, der Gegenstand der Prophezeiungen ist »moralisch neutral« (Muir 1959, S. LXIV). Auch Macbeth selber beurteilt die Prophezeiung nicht anders: Als er feststellen muss, dass sein Weg ein Weg in Unglück und Verdammnis war, macht er vielleicht sich selber und das menschliche Geschick schlechthin dafür verantwortlich, doch mit keinem Wort die Hexen. Und dennoch hegt er verbrecherische Gedanken sogleich nach der Begegnung mit ihnen (I, 3, 134 – 139). Hieraus und aus wörtlichen Andeutungen im Text (I, 7, 35 – 38, 47 – 59) ist gefolgert worden, dass Macbeth schon vor der Prophezeiung mit Gedanken an Königsmord umgegangen ist (Bridges, S. 14), dass also die Prophezeiung und das Drängen der Lady auf eine für die Mordtat konditionierte Seele gestoßen sind: Macbeth – das ist die Geschichte eines Kriminellen, die psychologische Fallstudie von der Wandlung eines potentiellen zu einem wirklichen Mörder –

> »nur, die Schwierigkeit liegt darin, dass das Ausmaß des ersten Beweggrundes, seine Prädisposition, unbekannt ist; auch wenn diese nur so groß ist wie zur Aufnahme der beiden anderen Beweggründe erforderlich, steht sie bereits im Widerspruch zum Bild des Edelmuts, das Shakespeare von Macbeth zeichnet.« (Bridges, S. 14)

Die weitere Entwicklung nach der Ermordung König Duncans erscheint wie eine bilderbuchgleiche Bestätigung der »Moral von der Mordgeschichte«, dass nämlich die böse Tat, wodurch auch immer verursacht, aus welchen tiefen Gründen der menschlichen Seele auch immer aufgestiegen, nur weitere und schlimmere böse Taten zeugt. Als Motivation Macbeths erscheint zunächst sein Verlangen nach Sicherheit: Um Verdacht von sich abzulenken, ermordet er die beiden Kämmerer des Königs und auch für die Ermordung Banquos mag Macbeths Streben nach Sicherheit eine Rolle gespielt haben. Die ungeheuerliche Klimax der Morde an Lady Macduff und ihren Kindern ist mit Rache für Macduffs Abfallen von ihm freilich nicht überzeugend erklärt; vielmehr scheint Macbeth hier den Höhepunkt seiner Entwicklung zum mörderischen Tyrannen erreicht zu haben, der nur noch um des Gemetzels willen Blut vergießt, sodass die Untat als Selbstzweck erscheint (Granville-Barker, S.76). Mit der Ermordung Duncans hat sich Macbeth gewissermaßen in Zugzwang gebracht. Daher ist als Erklärung für die weiteren Verbrechen gesagt worden, Macbeth begehe sie, müsse sie begehen, »um sich das zu bewahren, was er erreicht hat« (Crane, S. 172). Die Ereignisse nach dem ersten Mord führen aber auch den Protagonisten selber unerbittlich zu der Einsicht, dass der einmal eingeschlagene Weg ein tragischer Irrtum war: Der Mensch Macbeth erlebt schließlich Einsamkeit, Verzweiflung, Verlust der Welt und des eigenen Ich in ihr: Er hat nach Selbstüberhöhung gestrebt und dabei sich selber, seine eigene Seele zerstört (Crane, S. 172, Coe, S. 63).

Vor dem Usurpator Macbeth liegt ein chaotisches Schottland, in dem der blinde Terror wütet. Sein Ehrgeiz, seine Sehnsucht nach Größe, sein Machtstreben haben dazu geführt, dass eine ganze Nation mit Angst, Krieg und Blut überzogen wurde. Aus dieser Sicht erscheint *Macbeth* als ein politisches Drama und sein Held als »Idee der Revolte« (Holloway, S. 73). Doch lässt sich auch dieser politische Aspekt wiederum als Bild für eine umfassendere Dimension verstehen, nämlich als »Herausforderung der Wesenheit der Natur« (ebd.) oder gar als »Ansturm der Anarchie jedweder Art gegen sowohl äußere wie auch innere Autorität« (Mack, S. 190). Knights (S. 120) nennt Macbeths Machtgier »eine besondere Art des Bösen« und Holloway schreibt, dass Macbeths »Tat der Revolte [. . .] eine bewusste Unterwerfung unter die Mächte des Bösen war« (S. 73).

Wie steht es mit unserem menschlichen Mitgefühl für diesen Verbrecher-Helden, der das Böse bis zum Ausmaß eines universellen Chaos wollte, zumindest riskierte? Bis zum bitteren Ende steht Macbeth zu sich und seinen Freveltaten in voller Kenntnis, dass sie unverzeihlich sind. Diese Aufrichtigkeit sich selber gegenüber stimmt versöhnlich und bewahrt ihm unser Mitgefühl (Schlegel, Hazlitt, Bradley, Crane) oder evoziert in uns gar »Betroffenheit und ein Gefühl des Mit-Leidens« (Mehl, S. 133). Wenn und insofern dies so ist, erkennen wir in Macbeth einen tragischen Charakter sowohl im aristotelischen Sinne als auch im Sinne der elisabethanischen Auffassung von Tragik: Der für die Tragödie am besten geeignete Held, so heißt es in der Poetik des Aristoteles, ist »ein Mensch, der weder durch Tugend und Gerechtigkeit sich auszeichnet noch durch Bosheit und Schlechtigkeit, wenn er ins Unglück gerät, sondern dies durch einen gewissen Fehler verschuldet, ein Mensch, der vorher in hohem Ansehen und im Glücke stand [. . .]« (S. 74). Wäre Macbeth der untragische verderbte Charakter, nur der monströse Tyrann Schottlands, der Höllenhund, wie Macduff ihn nennt (V, 8, 3), so könnte er nicht von Gefühlen wie Verantwortung, Angst, Schuld, vielleicht sogar Reue ergriffen sein.

Für die Elisabethaner war Tragik der Sturz eines Großen vom Rad der Fortuna (vgl. S. 6) als gerechte Strafe Gottes für begangene Frevel. Wie hätten Shakespeare und sein Publikum den Sturz Macbeths vom Königsthron als gerechte Strafe verstehen können, wenn er seine Freveltaten nicht in voller Zurechnungsfähigkeit und d. h. Verantwortung begangen hätte?

4.2 Lady Macbeth

Ein Zugang zum Verständnis von Charakter und dramatischer Funktion der Lady eröffnet sich uns, wenn wir die hypothetische Frage stellen, ob Macbeth auch ohne ihren Einfluss den Weg des mordenden Usurpators gegangen wäre. Zweifellos ist der Einfluss der Lady als Antreiberin, Anstachlerin, Versucherin auf ihn groß. Doch wie groß ist er? Und: Was für ein Mensch ist die Lady, dass sie ihn so hat beeinflussen können, wie sie ihn beeinflusst hat? Auf diese Frage sind von Forschung und Kritik sehr verschiedene Antworten gegeben worden. So ist gesagt worden, dass das Hauptmerkmal ihres Wesens – wie Macbeths – Ehrgeiz sei, der sich – wie in Macbeth – zur Leidenschaft entfaltet, die ihre Seele beherrscht. Auch in Shakespeares Quelle wird sie als »sehr ehrgeizig, sich in unauslöschlichem Verlangen nach der Würde einer Königin verzehrend«, beschrieben. Die Lady wird von Anna B. Jameson (S. 321) sehr ähnlich beurteilt, wenn sie äußert, sie schwelge »in einem Traum von Macht«. Jedoch scheint Shakespeares Lady Macbeth im Gegensatz zur Lady seiner Quelle viel weniger ehrgeizig für sich selber zu sein als für ihren Mann. So wird sie auch u. a. von Anna B . Jameson gesehen, die in dem Einsatz all ihrer Kräfte für ihren Mann in der Lady »etwas typisch Weibliches« (S. 320) erkennt: Er soll König werden, soll die höchste Stufe der Macht erklimmen; darum geht es ihr, nicht um die Krone einer Königin auf dem eigenen Haupt. D. h., Liebe ist die treibende Kraft in ihr, ihren Mann zum Griff nach der Krone zu bewegen; aus Liebe leistet sie ihm Beistand selbst auf einem Wege, der »in den Abgrund der Schuld« (Jameson, S. 321; s. a. Jorgensen, William Shakespeare, S. 90) führt.

Neben machtgierigem Ehrgeiz und in engster Verknüpfung damit ist immer wieder ein außergewöhnliches Maß an Willensstärke und Entschlossenheit in der Lady gesehen worden. Beides ist notwendig, um das Ziel des Großseins zu erreichen, und beides sind Eigenschaften, die Macbeth in viel geringerem Maße besitzt als sie, wie sie wohl weiß. Daher betrachtet sie es als ihre Aufgabe, Macbeths Zögern mit der ihr eigenen »skrupellosen Entschlossenheit« (Coe, S. 59) und ihrem »stets wirksamen unwiderstehlichen Willen« (Symons, S. 24) aufzuwiegen, um Macbeth dazu zu bringen, den ersten, den entscheidenden Schritt zu tun.

Ferner ist gesehen worden (u. a. von Symons, S. 24, Brooks, S. 42f.), dass die Lady sehr viel stärker als Macbeth mit dem Sinn für das Praktische begabt ist, mit dem Gespür für das im Augenblick Gebotene. Lady Macbeth weiß immer, was zu tun ist: Den unerwarteten Besuch Duncans auf ihrem Schloss erkennt sie als die einmalige Gelegenheit, gleichsam im Handstreich die Königskrone zu erlangen: »meiner Hand/Vertrau das große Werk der Nacht zu enden« (I, 5, 72 – 73); sie spielt die liebenswürdige Gastgeberin, sie legt die Dolche bereit, sie verabreicht den Kämmerlingen des Königs ein Betäubungsmittel. Auch nach der Mordtat behält sie kühlen Kopf: »Ein wenig Wasser reint uns von der Tat« (II, 2, 72), und ihrem in der gegebenen Situation völlig hilflosen Ehemann ruft sie vorwurfsvoll zu: »Verlier dich nicht so ärmlich in Gedanken« (II, 2, 76 –77): Er wälzt Gedanken, während sie das Nächstliegende tut. Auch in der Bankettszene beweist sie ihren Sinn für das Opportune: Als Macbeth beim Anblick des Geistes des toten Banquo außer sich gerät, weiß sie nicht nur die Gäste zu beschwichtigen, sondern auch ihn zu beruhigen. Und sogar, als ihr das bei der abermaligen Erscheinung des Geistes nicht wieder gelingt, weiß sie Rat: Sie hebt die Tafel kurzerhand auf.

Doch Lady Macbeth scheint nicht einseitig nur praktisch veranlagt zu sein. Daneben zeigt sie sehr deutlich einen Charakterzug, der wiederum eine Entsprechung auch in Macbeth hat: Sie neigt wie er zum Grübeln, »zum Visionären und zur Tagträumerei« (Coleridge, S. 221). Dieser Wesenszug in ihr erfährt eine Überhöhung ins Exaltierte, Ekstatische, wenn sie rasend, verzückt die Geister des Bösen anruft, von ihr Besitz zu ergreifen.

Hier kommt die Frage nach ihrem Gewissen ins Spiel: Ist sie nur das kaltblütige Monster, das in grausigsten Vorstellungen schwelgt, oder zeigt sie neben der Liebe zu ihrem Mann weitere Regungen, die sie wenn auch als Verbrecherin, so doch als eine menschliche Verbrecherin erscheinen lassen? Oder hatte sie anfangs Gewissensregungen und ist es ihr dann gelungen, diese aus eigener Willensanstrengung oder mithilfe der bösen Geister aus ihrer Seele zu tilgen? Weil sie weiß, dass Gewissensregungen auf dem verbrecherischen Wege zur Macht – der verbrecherische ist der einzige Weg, den sie sieht – nur hinderlich sein können, entscheidet sie sich ganz bewusst für das Böse und ruft daher die Mächte der Finsternis an, in ihr die menschlichen Regungen der Skrupel, der Scheu vor der Freveltat, zu ersticken, mehr noch, von ihr tatsächlich Besitz zu ergreifen: »Kommt, Geister, die ihr lauscht / Auf Mordgedanken, und entweibt mich hier; / Füllt mich vom Wirbel bis zur Zeh, randvoll, / Mit wilder Grausamkeit! verdickt mein Blut; / Sperrt jeden Weg und Eingang dem Erbarmen, / Dass kein anklopfend Mahnen der Natur / Den grimmen Vorsatz lähmt;« (I, 5 44–50). Ergreifen die Geister des Bösen nun wirklich Besitz von ihr, ist die Lady fortan eine vom Teufel Besessene? Mehrere Interpreten beantworten diese Frage mit Ja, so z. B. George Wilson Knight, der so weit geht zu behaupten, dass der Versuch, den Charakter der Lady mit Ehrgeiz und Willensstärke umschreiben zu wollen, ein »vergebliches Unterfangen« sei, das zur Erklärung ihrer Gewissenlosigkeit und Grausamkeit nicht ausreicht. Diese rückten die Lady vielmehr in einen Seinsmodus, in dem herkömmliche psychologische Begriffe zur Charakterbeschreibung wie »ehrgeizig« und »willensstark« irrelevant seien. Vielmehr müsse davon ausgegangen werden, dass, ihrem eigenen Verlangen entsprechend, der Teufel tatsächlich in sie fahre, sodass sie »– für eine überwältigende Stunde – die Inkarnation des [. . .] uneingeschränkt Bösen« ist (Knight 1949, S. 152). Auch Muir (1959, S. LXIX) und Curry (S. 87) sehen die Lady als eine vom Teufel Besessene, der es mithilfe der

Hölle gelingt, ihre Gewissensregungen zu unterdrücken. – Im Gegensatz hierzu sind freilich weitere Interpreten (Coleridge, Hunter, Coe) der Meinung, dass die Lady zwar weit skrupelloser sei als Macbeth, dass jedoch auch in ihr menschliche Gewissensregungen nie ganz ausgeschaltet werden, sondern, im Gegenteil, sie zunehmend bis zum Wahnsinn peinigen. – Die Meinung, die Lady muss als von den Mächten der Finsternis beherrscht begriffen werden, erklärt auch am ehesten ihre entsetzliche, unmenschliche Grausamkeit, von der sie z. B. I, 7, 62 – 67 eine unglaubliche Probe gibt: »Ich hab gesäugt und weiß, / Wie süß, das Kind zu lieben, das ich tränke; / Ich hätt', indem es mir entgegen lächelte, / Die Brust gerissen aus den weichen Kiefern / Und ihm den Kopf geschmettert an die Wand, / Hätt' ich's geschworen, wie du dieses schwurst.« Die meisten Interpreten haben denn auch die Grausamkeit der Lady als ein weiteres wesentliches Merkmal ihres Charakters betont, doch sind auch Meinungen geäußert worden, die zwar ihre Grausamkeit nicht übersehen, jedoch andererseits auch nicht in den Vordergrund rücken, sondern eher mit Nachsicht beurteilen: Dies ist etwa der Fall, wenn Anna B.Jameson (S. 321) schreibt, »Sie riskiert Leben und Seele [. . .] wie ein Märtyrer«, und wenn Maginn (S. 184) meint, dass die Lady nur dem »Hoffen und Trachten« ihres Mannes dienstbar sein will, und zusammenfassend urteilt: »Dies und sonst nichts ist ihr Vergehen.«

In Zusammenhang mit der Frage nach Lady Macbeths Gewissen und Besessenheit ist die Schlafwandelszene entscheidend. Ihr Verhalten hier ist das einer geistig Umnachteten, einer Wahnsinnigen, und lässt sich ohne Schwierigkeit als Zusammenbruch unter der unerträglich gewordenen Last ihres Gewissens erklären (Bradley, S. 368, Hunter 1967, S. 25).

> »Die Schlafwandelszene im V. Akt ist wahrlich einer der Höhepunkte des Stückes. Sie kann als eine bemerkenswerte Veranschaulichung der Gewissensbisse und der furchtbaren Strafe für Lady Macbeths Anteil am Verbrechen oder als ein Versuch Shakespeares aufgefasst werden, die zu Beginn des Stückes erfolgte Charakterisierung der Lady als äußerst grausam abzumildern.« (Coe, S. 62)

Die Annahme, sie sei vom Teufel besessen, erklärt ihren Wahnsinn eben als Folge dieser Besessenheit und dementsprechend ihr Schlafwandeln als »dämonischen Somnambulismus« (Curry, S. 89). Auch als krankhaft übersteigerte Form ihrer Veranlagung zum Schwärmen, zur Ekstase ist ihr Wahnsinn verstanden worden (Jameson, S. 321, Symons, S. 24).

Genau wie im Falle Macbeths stellt sich auch hinsichtlich der Lady die Frage nach unserem menschlichen Mitgefühl. Hegen wir für sie »nur Abscheu« (Johnson, S. 795) oder haben wir doch Anteilnahme für sie? Aus den Beurteilungen der Mehrheit der Interpreten klingt deutliches Mitgefühl heraus, das sich weniger in Mitleid äußert, wie man es angesichts der von ihr in der Schlafwandelszene durchlittenen Qualen wohl zu empfinden vermag, als vielmehr in Faszination angesichts der erhabenen Bedingungslosigkeit, mit der sie ihren Weg geht (Anna B. Jameson, S. 320f., Murry, S. 325) und der sie in die Erfahrung einer Grenzsituation führt, die unserem rationalen Nachvollzug kaum mehr zugänglich ist. Auch für Lady Macbeth gilt, was Hazlitt (S. 193) von Macbeth schreibt:

»Er steht an der Grenze zwischen der Welt der Wirklichkeit und der Welt der Fantasie. Er sieht Dinge, die sonst kein menschliches Auge erblickt. Alles in ihm und um ihn ist voll Unruhe und Aufruhr [. . .] Und doch verlieren wir niemals einen Rest von Mitgefühl für ihn.«

Coleridge (S. 221) schildert sie folgendermaßen:

»Sie war eine Frau mit der Veranlagung zum Visionären und zur Tagträumerei; ihr Auge war gerichtet auf die Schatten ihres einsamen Ehrgeizes; und ihre Gefühle waren durch die tiefe Grübelei ihrer verzehrenden Leidenschaft dem normalen Mitgefühl der menschlichen Natur entfremdet. Doch ihr Gewissen, weit davon entfernt, abgestumpft zu sein, peinigte sie fortwährend; und sie versuchte, seine Stimme zu ersticken und seine Aufwallungen zu unterdrücken durch hochmütige und hochfliegende Bilder der Fantasie und Anrufung spiritueller Kräfte.«

Einen Vergleich zwischen Macbeth und Lady Macbeth stellt Symons (S. 154f) an:

»Macbeths ›Wesensmerkmal‹, wie man es vielleicht nennen darf, ist Schwäche eines kühnen Geistes und kraftvollen Körpers; das der Lady Macbeth ist die Kraft einer feinsinnigen, aber zugleich auch fest entschlossenen Natur. Sie beherrscht ihren Mann durch ihren stets wirksamen unwiderstehlichen Willen; und sie selber, die schwache Frau, wird gleichermaßen von derselben zwingenden Kraft dieses Willens beherrscht. [. . .] Auch hat sie Vorstellungskraft (die in ihrem Wesen die Stelle der Tugendhaftigkeit einnimmt) und gerade diese fürchtet sie und an dieser scheitert sie. [. . .] Beide werden durch Schuld verwandelt, ihn jedoch entwürdigt die Schuld. Sie könnte nie in Entwürdigung leben. Es wäre unmöglich, ihr die Würde zu nehmen. Ihr Verbrechen war vorsätzlich, sie schritt geradenwegs auf ihr Ende zu; und die von ihr verwendeten Mittel waren tödlich, nicht nur für den Mann, der sterben musste, sondern auch für sie selbst. Macbeth konnte die Tiefe ihres Leidens ebenso wenig begreifen wie sie sein Zögern in einer beschlossenen Sache. Und diese ihre fein gesponnene Natur, die Besessenheit von Vorstellungskraft, macht sie attraktiv und erhebt ihre Bestrafung in einen Bereich, der einer gemeinen Verbrecherin nicht zugänglich ist.«

4.3 Die Hexen

Eine Theateraufführung oder Verfilmung von *Macbeth,* auch eine Transposition der Fabel in ein geographisch und zeitlich anderes Milieu unter Verzicht auf die Hexen wäre undenkbar. Was bliebe von *Macbeth* übrig ohne sie? Die Hexen sind für das Drama so konstitutiv wie der Titelheld selber. Dies gilt insbesondere für das Atmosphärische (Bradley, S. 340; Mehl, S. 134), wenn auch nicht ausschließlich: Zwar treten die Hexen in nur vier Szenen des insgesamt 29 Szenen umfassenden Dramas auf, jedoch sind die Begleitumstände ihres Auftretens – Nebel, Blitz und Donner, Regen, Spuk, Düsternis; mit einem Wort: Unheimlichkeit – charakteristisch für das Drama als Ganzes. Die Hexen – wie auch immer wir sie verstehen – beherrschen nicht nur Macbeth, sie beherrschen das atmosphärische Gepräge der Tragödie insgesamt.

Die Frage, wer oder was die Hexen sind, ist heftig und kontrovers diskutiert worden und weit davon entfernt, in jeder Beziehung zufrieden stellend beantwortet zu sein. »Wer sich einen Überblick über die bisherigen Definitionen der Hexen [. . .] verschafft, wird die Identität dieser Damen wahrscheinlich so fragwürdig finden wie ihre Prophezeiung« (Hunter 1977, S. 4). Allem Anschein nach war sich bereits Holinshed über ihr Wesen nicht recht im Klaren, denn er bezeichnet sie – wohl aus Unsicherheit – sowohl als »Frauen in sonderbar unordentlicher Kleidung«, als auch als »Schicksalsschwestern« und »Schicksalsgöttinnen«, »Nymphen oder Feen«. Um die Verwirrung vollständig zu machen, zeigt die Holinsheds Chronik beigefügte Holzschnitt-Illustration die drei Hexen in der reichen Kleidung vornehmer Damen des 16. Jahrhunderts. Harris (S. 35) glaubt daher, dass Shakespeare sich in seinem *Macbeth* genauso verhält wie Holinshed in seiner Chronik: Er legt sich nicht fest.

Die Vermutung Harris' stellt ebenso wenig eine Lösung des Problems, wer oder was die Hexen genau sind, dar wie die Ansicht, dass wir in Shakespeares Drama viel zu wenig Information über sie mitgeteilt bekommen, um für eine Aussage über ihr Wesen sachkundig genug zu sein (vgl. Lamb, S. 47, Murry, S. 326). Immerhin reichen die Informationen aus, um sie etwa im Sinne der auch heute noch gebräuchlichen Invektive »alte Hexe« oder im Sinne der bekannten Märchenfigur als »alte Weiber [. . .] erfüllt von gemeiner Boshaftigkeit« (Bradley, S. 340) zu verstehen. Als solche wären sie Sterbliche und keine Höllengeister, doch stünde die Auffassung, sie seien vom Teufel besessen und handelten in seinem Sinne, vielleicht gar in seinem Auftrag – vgl. die Hekate-Szene –, durchaus in Übereinstimmung mit der bis heute lebendigen Vorstellung vom Wesen sterblicher Hexen.

Nun hat die Tatsache, dass die *Macbeth*-Hexen von Shakespeare (und in seiner Quelle) auch als Schicksalsschwestern bezeichnet werden, zu der Ansicht geführt, dass sie freilich etwas anderes sein müssten als sterbliche alte Weiber. Doch auch innerhalb dieser eingeengten Problemstellung bleibt die Frage bestehen: Was sind sie genau? Die Reihe der Bezeichnungen und Umschreibungen, die auf sie angewandt worden sind, ist lang: wunderbare Schwestern (Schlegel, S. 173), »Helfershelferinnen des Bösen« (Fletcher, zit. n. New Variorum Edition, S. 405) Repräsentanten der Mächte des Schicksals (Bradley, S. 340), »Abgesandte der Finsternis« (Murry, S. 326), Symbole der »übersinnliche[n] Welt der bösen Geister« (Curry, S. 59), »keine sterblichen Hexen« (Farnham, S. 81), den orakelnden Göttern der Antike vergleichbar (Harris, S. 35); die Hexen sind also, wenn keine Menschen, dann übernatürliche oder vielleicht besser: un-natürliche Wesenheiten (Lamb, S. 47, nennt sie

»grässliche Anomalien«); d. h. »die Kräfte, die sie walten lassen oder repräsentieren oder symbolisieren, sind letztendlich dämonisch« (Curry, S. 59). Die Tatsache, dass die *Macbeth*-Hexen zu dritt auftreten, erinnert an die drei Parzen der Antike, und so verwundert es nicht, dass sie von Boëthius auch tatsächliche »parcae« genannt werden. Von hier aus gewinnt die Auffassung Gewicht, es handele sich um Schwestern oder gar Göttinnen, die Macbeths Schicksal bestimmen (Schlegel, S. 173). Wie allerdings lässt sich ihre parzengleiche, schicksalhafte Funktion für Macbeth mit seiner Willensfreiheit und Verantwortlichkeit für sein Tun vereinbaren, die wir postulieren müssen, wenn wir *Macbeth* als Tragödie eines Charakters und nicht als Schicksalstragödie begreifen? Das Problem der Hexen liegt offenbar weniger in der Frage, wer oder was sie sind, als vielmehr in der Frage nach ihrer allgemeinen Funktion in der in *Macbeth* gestalteten Welt wie in ihrer besonderen Funktion für den Titelhelden.

Hierzu ist – wie bereits angedeutet – geäußert worden, dass die Hexen als Repräsentanten oder Symbole des Bösen in der Welt, das in *Macbeth* in besonders augenfälliger Weise anwesend ist, aufgefasst worden sind. »Die Finsternis der Nacht ist es, was dem Helden Angst und Grauen macht« (Bradley, S. 333), und wir dürfen die Hexen als allegorische Figuren eben der Finsternis, der Nacht, der Angst und des Grauens betrachten. In dieser Funktion ist es ihre Absicht, Unheil zu bringen, Verderben und Chaos, Subversion, Zerstörung jener Weltordnung, »die jede Gesellschaft für sich zur Basis dessen macht, was sie für normal hält« (Hawkes, Twentieth Century Interpretations, S. 6); das Motto der Hexen, »Schön ist grässlich, grässlich schön«, drücke daher treffend das Hauptziel ihrer Machenschaften aus: »die Verkehrung allgemein anerkannter Werte« (Hawkes, Twentieth Century Interpretations, S. 6).

Eine demgegenüber nicht nur sehr viel engere Auffassung von der Aufgabe der Hexen in dieser Welt, sondern zudem eine wertneutrale ist die von Murry (S. 326) geäußerte, nämlich, die Schicksalsschwestern zeigten »weder Hass noch Ränke oder Verstrickungskünste. Alles, was sie tun, ist Enthüllung der Zukunft«. Freilich ist in der Enthüllung der Zukunft, im Prophezeien also, ein starkes Moment der Versuchung enthalten, wenn dem Betroffenen etwas Angenehmes, Erstrebenswertes enthüllt, prophezeit wird. Und just der Versuchung, der Realisierung des prophezeiten erstrebenswerten Gutes nachzuhelfen, erliegt Macbeth. Denn – und hierin sind sich alle Interpreten einig – mit keinem Wort lassen die Hexen auch nur durchblicken, dass Macbeth etwa Verbrechen begehen müsste, damit das Prophezeite Wirklichkeit werde. Und doch begeht er sie, und zwar in einer Weise, die uns den Eindruck vermittelt, als könnte er gar nicht anders.

Mit dieser Interpretation der Hexen durch Murry sind wir in einen schwer fassbaren Zwischenbereich zwischen Freiheit und schicksalhafter Gebundenheit Macbeths geraten. Die Grenze zwischen freier Entscheidung und Zwang des Schicksals ist schwerlich oder gar nicht zu ziehen, wenn zutrifft, was Murry (S. 326) weiter schreibt: »Sie sind ›Schicksalsschwestern‹, doch kann das Wort ›Schicksal‹, auf sie angewendet, nicht implizieren, dass sie Gewalt über Macbeths Schicksal hätten«, und weiter: »Sie bringen Macbeth in Versuchung, Böses zu tun und gehen dabei trickreich vor. Doch können sie ihn nicht dazu zwingen.« Auch andere Interpreten führen uns mit ihrer Aussage über die Funktion der Hexen in jenen widersprüchlichen Bereich, in dem sich Willensfreiheit und Schicksal Macbeths zu berühren scheinen.

»Wenn Macbeths Beeinflussung durch die Hexen freilich auch sehr groß ist, so ist es doch völlig klar, dass sie ihn nur beeinflussen und sonst nichts weiter. Nichts im Stück deutet darauf hin, dass es Shakespeares Absicht war, Macbeths Handlungen so darzustellen, als wären sie ihm von einer außerhalb seiner selbst liegenden Macht aufgezwungen.« (Bradley, S. 341)

Schlegel (S. 173) hingegen scheint dem Anteil des Schicksals den Ausschlag zu geben, wenn wir bei ihm lesen: »Auf Macbeths Anteil [am Königsmord] fällt beinahe nur die Ausführung, er wird dazu wie im Taumel der Verblendung hingestoßen.« Es ist durchaus keine Lösung des Problems, sondern vielmehr eine Bestätigung, dass es weiterhin besteht, wenn Murry (S. 326) und andere sinngemäß, z. B. Hunter, Harris, auf die Frage: »Haben sie nun Macht über Macbeth oder nicht?«, antwortet: »Shakespeare selber gibt auf diese Frage keine Antwort.«

Im Gegensatz zu der Auffassung der Hexen als Wesen mit schicksalsbestimmender Funktion für Macbeth stellt die Mehrzahl der Interpreten die freie Willensentscheidung Macbeths heraus. Die Funktion der Hexen für Macbeth liegt dann in der Versuchung, die sie mit ihrer Prophezeiung auf ihn ausüben, oder anders: darin, dass sie ihn – wie Lady Macbeth – zum Verbrechen anstiften (Whately, Murry, Farnham, Muir, Harris u. a.), ohne ihn doch dazu zu zwingen (Bradley, Murry, Farnham): Die Entscheidung dazu liegt allein bei ihm selbst.

In Konsequenz dieser Auffassung ist argumentiert worden, dass die Hexen in Wirklichkeit gar nicht existieren, sondern dass sie als symbolische Veranschaulichungen, verselbständigte Verkörperungen des Ehrgeizes, der Wünsche und Hoffnungen Macbeths verstanden werden müssten, als Projektionen von Regungen seiner Seele in die Außenwelt:

»Es bedarf keiner großen Auslegekunst, um festzustellen, dass es die ›Schicksalsschwestern‹ überhaupt nicht gibt. Die Stimme, die dem Than von Cawdor sagt, er werde König werden, ist die Stimme seines eigenen Ehrgeizes. In seiner eigenen Brust braut er die Höllenbrühe, aus der jene Erscheinungen aufsteigen; die Zutaten zur Brühe sind seine bösen Leidenschaften und sündhaften Hoffnungen.« (Maginn, S. 184; ähnlich auch Fletcher und Bradley).

Dieses Verständnis der Hexen als Verkörperungen von Seelenregungen Macbeths ließe sich durch den Hinweis auf Banquos Geist stützen, der – analog – (vielleicht) nicht als ein Reales existiert, sondern nur als personifizierte Angst oder Gewissensqual des Auftraggebers seiner Mörder, der von allen Anwesenden allein ihn wahrnimmt. Ein starkes Gegenargument gegen eine psychoanalytisch fundierte Auffassung der Hexen ist allerdings die Tatsache, dass auch Banquo sie wahrnimmt, ohne dass auch er wie sein Gefährte von Wunschvorstellungen geleitet wäre. Ferner dürfen wir nicht vergessen, dass Hexen, Gespenster, Geister, Dämonen u. Ä. für die große Mehrheit der Elisabethaner Wirklichkeit waren oder zumindest keine Unwahrscheinlichkeit. »Shakespeares Geister und Hexen waren reale Wesen, die tatsächlich von vielen Menschen sehr unterschiedlicher Charaktere gehört und gesehen wurden.« Daher sagt ihre Wahrnehmung über die Veranlagung und seelische Struktur dessen, der sie wahrnimmt, nicht viel aus (Rose, S. 7).

Wer postuliert, die Entscheidung Macbeths für das Verbrechen sei nicht schicksalsbestimmt gewesen, sondern frei getroffen worden, muss freilich erklären, wie es den Hexen möglich war, Macbeth bei seiner Entscheidungsfindung zu beeinflussen, in welchem Ausmaß auch immer dies geschehen ist. Eine Komponente der Erklärung leitet sich aus Macbeths eigener Seele her: »Die Worte der Hexen sind für den Helden nur deshalb verhängnisvoll, weil in ihm etwas steckt, was aktiviert wird, als er sie hört« (Bradley, S. 340, ähnlich auch Muir 1959, S. LXIV); eine zweite Komponente freilich ist in der Verhaltensweise der Hexen begründet, die u. a. insofern »trickreich« (Farnham, S. 81) vorgehen, als sie ihm zu einem Zeitpunkt begegnen, da er für ihre Prophezeiungen besonders hellhörig ist: »Die wunderbaren Schwestern überraschen Macbeth in der Trunkenheit der befriedigten Ruhmbegierde nach seinen Siegen«, und sie erwecken in Macbeth den Eindruck, als würden sie eben nicht nach Art von Hexen und Wahrsagerinnen weissagen, sondern als würden sie den Aufstieg zur Macht als seinen schicksalhaft vorherbestimmten Lebensweg vorausdeuten: »sie spiegeln ihm dasjenige, was nur durch seine Tat wirklich werden kann, als eine Verfügung des Schicksals vor« (Schlegel, S. 173). Gemessen am Wie und am Erfolg walten die Hexen ihres Amtes als Wahrsagerinnen in perfekter Weise, sodass ihnen der Beiname »Schicksalsschwestern« durchaus gebührt. Sind sie nur alte Weiber, sind sie Höllengeister oder doch Schicksalsschwestern? Die Frage, was sie wirklich sind, mag schwer oder gar nicht zu entscheiden sein. Vielleicht ist ihr Schleier der Vieldeutigkeit keine Verschleierung, sondern die Substanz ihres Wesens.

4.4 Banquo

An *Macbeth* ist kritisiert worden, dass Shakespeare hier neben dem Titelhelden und der Lady keinen weiteren profilierten Charakter gestaltet habe, und selbst deren Charaktere seien blass, müssen blass sein, da die Ereignisse zu überwältigend sind, »um die Auswirkung besonderer Charakterveranlagungen zuzulassen« (Johnson, S. 795). Die Charaktere »sind nur schwach individualisiert, und sie sind bemerkenswert mehr wegen ihrer Ähnlichkeiten als wegen ihrer Unterschiede« (Knight 1949, S. 152). Sofern die Behauptung der schwachen Charakterzeichnung zutrifft, gilt sie mit Sicherheit nicht für Macbeth und die Lady, wohl aber für die übrigen Figuren des Stückes. Dies ist insofern besonders erstaunlich, als – abgesehen von Duncan, den Hexen und Macbeths besserem Ich – unter ihnen in Macduff und zu einem erheblichen Teil auch in Banquo die Gegenspieler des Protagonisten zu suchen sind. Freilich ist das dramatische Verhältnis zwischen Macbeth und Banquo sehr viel komplexer, als dass es mit den Begriffen Spieler und Gegenspieler hinreichend bezeichnet wäre. Während Macbeth nach der Ermordung Duncans von seiner Person aus gesehen triftige Gründe hat, Banquo aus dem Wege zu schaffen, kann für den ersten Akt zweifellos behauptet werden, dass Banquo hier Macbeths Mitspieler ist: Gemeinsam kehren sie als Sieger aus den Schlachten zurück, beiden begegnen und prophezeien die Hexen und beide werden von ihrem König mit Lob und Dank für ihre loyalen Dienste empfangen.

In Shakespeares Quelle wird sogar berichtet, dass Banquo Macbeths Komplize bei der Ermordung des Königs war. Wie groß ist der Anteil der Komplizenschaft, den Shakespeare – wenn überhaupt – in sein Drama übernommen hat? Die für Banquo geltenden Weissagungen der Hexen sind viel weiterreichender, erstrebenswerter, erfreulicher als für Macbeth: Der kinderlose Macbeth soll zwar selber König werden, doch Banquo soll Ahnherr einer langen Reihe von Königen sein. Man kann ihm daher anlasten, dass er die Realisierung der Weissagung für Macbeth hinnimmt, ja sogar wünscht, weil er die Realisierung des ihm geltenden Teils der Weissagung nicht gefährden will: Banquo ist in Shakespeares Drama zwar kein Mordkomplize, doch ein Schicksalsgefährte Macbeths, einer, der daher auch klar durchschaut, wer der Mörder Duncans ist (Muir 1959, S. LXVIff.), der dennoch schweigt, als die Thane sich in der Versammlung im Morgengrauen nach der Mordnacht um Aufklärung bemühen: Als heimlicher Mitwisser ist er aber auch mitschuldig, und Banquos Tod erscheint dann unter dem Aspekt der wohlverdienten Strafe für seine Teilhaberschaft an verbrecherischen Machenschaften, die schließlich zum Königsmord geführt haben (Bradley, S. 384). In Entsprechung dieses Verhaltens sagt Bradley über ihn, was auch auf Macbeth zutrifft, nämlich »dass er sich dem Bösen ergeben hat. Die Hexen und sein eigener Ehrgeiz haben ihn erobert.« So erscheint er als ein unaufrichtiger, ehrloser Charakter, letztlich aus eigennützigen Gründen so leicht zur Unmoral verführbar wie sein neuer König, dessen Weg auf den Thron er ebnen half.

Dieser Beurteilung Banquos steht eine andere Sicht gegenüber, die ihn als »positive Kontrastfigur« (Mehl, S. 131) zu Macbeth begreift. »In seiner Darstellung des Charakters des Banquo weicht er [Shakespeare] in besonders auffälliger Weise von seiner Quelle ab [. . .] Er macht [. . .] aus ihm eine Seele von Ehrenhaftigkeit und Loyalität, und er lässt ihn keinerlei Verdacht über die Absichten Macbeths hegen. « (Wilson, S. XIV) In der Tat gewinnt man aus dem Text den Eindruck, dass Macbeths Motivation, ihn zu ermorden, nicht so sehr in seiner vielleicht eines Tages Gefahr bringenden Mitwisserschaft begründet ist als vielmehr in seinem »Königssinn« und »unerschrockenen Geist«, wie Macbeth selber (III, 1, 45 und 47) sagt. Er kann den ihm moralisch weit überlegenen Charakter nicht ertragen, dem auch Bradley (S. 385) einräumt, er sei im Grunde »ein ehrenhafter Mann«.

Einen solchen Charakter in Banquo zumindest der Absicht nach zu gestalten, lag für Shakespeare nahe, wenn wir *Macbeth* u. a. als Geste der Huldigung an den neuen König von England oder als Gelegenheitsdichtung zur Aufführung bei Hofe vor James und seinem königlichen Gast aus Dänemark (vgl. S. 11f.) verstehen dürfen: Wir wissen, dass die Frage der eigenen Abstammung für James von äußerster Wichtigkeit war. Von daher gesehen konnte Shakespeare gar nicht anders, als den Ahnherrn seines Königs – im Gegensatz zu Boëthius und Holinshed und im Kontrast zu Macbeth – denkbar positiv zu gestalten, so rechtschaffen und edelmütig und königlich, wie die Gesamtanlage des Dramas es nur zuließ. Nicht von ungefähr gewahrt der entsetzte Macbeth den Geist des toten Banquo auf seinem eigenen Stuhl, auf dem Stuhl des Königs, wie als wollte uns Shakespeare damit andeuten, dass dies nicht der Platz des Mörders, sondern der des Ermordeten sei.

So scheinen entstehungsgeschichtliche Gründe Banquo in der Rolle des Gegenspielers zu Macbeth zu bestätigen, wiewohl bei dieser Sehweise ein Rest von Unbehagen bleibt: was, genau, beinhaltet sein »böses Denken, dem Natur / Im Schlummer Raum gibt« (II, 1, 8 – 9)? Und warum lässt er dem imponierenden Bekenntnis und der einsichtsvollen Absichtserklärung, »Ich steh in Gottes großer Hand und so / Kämpf ich der ungesprochenen Anmutung / Bösen Verrats entgegen« (II, 3, 139 – 141), keine Taten folgen? »Es ist völlig klar, dass Banquo nicht erst Malcolms Eroberung Schottlands hätte abwarten sollen, um selber [. . .] Schritte gegen den Usurpator zu unternehmen: Er hätte den Thronanspruch des Sohnes sogleich nach dem Tode Duncans verteidigen müssen.« (Muir 1959, S. LXVII) So kristallisieren sich aus den Beurteilungen Banquos zwei sich widersprechende Positionen heraus: Banquo, der Ehrenmann, der entweder gar nicht erst in Versuchung gerät oder, wenn doch, dieser redlich widersteht, und Banquo, der Verräter, der in Gedanken und Träumen Gesetz und Moral missachtet wie Macbeth mit seinen Taten.

Macbeth hoffte, mit der Ermordung Banquos sich seiner ein für allemal zu entledigen. Stattdessen verfolgt dieser ihn bereits wenige Minuten nach seiner Ermordung als Geist, als Gespenst. »Die Frage, was das Gespenst nun tatsächlich ist, stellt ein fast ebenso großes Problem dar wie das Wesen des

Geistes in *Hamlet«* (Jorgensen, Our Naked Frailties, S. 124). Shakespeare selber deutet mit Lady Macbeths Worten, »Das sind die wahren Bilder deiner Furcht« (III, 4, 65), an, dass die Erscheinung als Halluzination Macbeths verstanden werden darf, als Wahnbild seines schlechten Gewissens und seiner Angst. Auf seiten der Interpreten jedoch herrscht die Auffassung vor, dass die gespenstergleiche Erscheinung »der Teufel selber« (Curry, S. 85, Jorgensen, a. a. O.) sei in der Erscheinungsform eben der Leiche Banquos, vielleicht auch die Leiche Banquos selber, »vom Teufel hervorgezerrt« (Jorgensen, a. a. O.), jedenfalls »ein Blendwerk der Hölle« (Curry, S. 85). Die Grundlage für diese Argumentation ergibt sich analog zur Funktion der Hexen, die als Höllengeister Macbeth in Versuchung bringen und ihn schließlich »in einer Weise peinigen, die an die antiken Furien erinnert« (Harris, S. 35). Die Auffassung auch vom Geist des toten Banquo als Teil jenes höllischen Blendwerks, »das ihn schließlich in seinen Untergang treibt« (Curry, S. 86), legt es nahe, auch den lebendigen Banquo als eine gegen Macbeth gerichtete dramatische Kraft zu verstehen und in ihm den Ehrenmann zu sehen, der – trotz allem – anders als Macbeth »nicht im Entferntesten mit dem Gedanken umgeht, etwas zu unternehmen, um die Erfüllung der Weissagung herbeizuführen« (Bradley, S. 385), die seiner Person galt. Dennoch bleibt der trübe Schein der Zwielichtigkeit dieses Charakters bestehen. Der Behauptung der Ehrenhaftigkeit steht die Tatsache gegenüber, dass er über die erste Freveltat schweigt, obwohl er Bescheid weiß. Damit aber macht er sich zum Mitschuldigen. Diese Zwielichtigkeit und Zweideutigkeit des Charakters Banquos findet in dem Hinweis darauf eine einfache Erklärung, dass Shakespeare – absichtlich oder versehentlich – in seine Gestaltung des Ahnherrn von James I. doch eine Spur oder etwas mehr der Mordkomplizenschaft des Banquo seiner Quelle hat einfließen lassen.

4.5 Gut und Böse

Während die Hauptfiguren des Dramas von der Kritik sehr unterschiedlich beurteilt worden sind, herrscht Einigkeit darüber, dass Shakespeare in *Macbeth* wie in kaum einer anderen seiner Tragödien dem Prinzip des Bösen breitesten Spielraum eingeräumt hat. »Es ist inzwischen zu einem Allgemeinplatz geworden, dass das Stück schildert, wie sich das Chaos über eine ganze Nation ausbreitet (›blute, blute, / Du armes Vaterland‹; IV, 3, 34 – 35), dass dieses Chaos eine Verletzung der gesamten heil- und sinnvollen Naturordnung ist« (Holloway, S. 64). Wie Holloway sehen auch andere Interpreten im zunächst zwar noch von Skrupeln begleiteten, dann aber hemmungslosen Vergießen von Blut das Hauptgeschehen, das die Handlung des Dramas und die in ihm gestaltete Welt unverwechselbar kennzeichnet: »Die Geschichte in *Macbeth* ist zäh und klebrig wie Blut und Brei. In Blut getaucht sind hier alle, die Mörder und die Opfer, die ganze Welt« (Kott, S. 93). Das Bild des Blutvergießens selber erscheint so als Metapher des Bösen: »wir berühren das absolut Böse« (Knight 1949, S. 147) bei der Betrachtung von *Macbeth* und erleben mit, wie die Welt erneut jenen Kräften überantwortet wird, »die einst im Chaos miteinander gerungen haben« (Raleigh, S. 197). Trotz Jago und trotz Goneril, Regan, Edmund und Cornwall läge, so wird argumentiert, in *Othello* und *King Lear* doch weniger Nachdruck auf dem Prinzip des Bösen als in *Macbeth,* da Shakespeare hier im Gegensatz zu den beiden anderen Tragödien die Vertreter des Bösen in den Mittelpunkt der Handlung und des Interesses gerückt habe. Auch *Richard III.,* das wie *Macbeth* in der Titelrolle den Aufstieg und Fall eines blutigen Usurpators schildert, der wie Macbeth und Lady Macbeth weiß, dass er Böses tut und es dennoch tut, hinterlässt in uns nicht jenen Eindruck des Entsetzlichen und Grauenhaften, da Richards Hemdsärmeligkeit und Wesenszüge des Scharlatans dem Bösen die ätzende Schärfe nehmen: Er spielt mehr den Tyrannen, als dass er wirklich einer wäre, Macbeth dagegen *ist* schließlich der Tyrann, der im Lande Terror um des Terror willens übt und damit sein »Menschsein einbüßt« (Granville-Barker, S. 76). Insofern, als Macbeth am Ende seine Menschlichkeit nicht wiedergewinnt, ist sein Weg des Bösen ein Weg ohne Umkehr. So mächtig wirken die Mächte der Finsternis in ihm, dass trotz seiner Gewissensqualen und seiner Skrupel aus dem Zauderer in der Nacht des Königsmords der hemmungslose Frevler wird, der sehenden Auges das diabolische Chaos schafft, als Mensch in seiner Seele, als König in seinem Lande: Er vermag kein »Amen« mehr zu sagen und seine Schreckensherrschaft ist nur durch weitere Schreckenstaten aufrechtzuerhalten, die Macbeth »als Emblem und Verkörperung des Bösen« (Holloway, S. 73) nur allzu bereitwillig begeht; »erst, wenn wir seinen abgetrennten Kopf sehen, dürfen wir sicher sein, dass die Lebenskraft des Bösen nicht mehr in ihm steckt« (Granville-Barker, S. 76).

Von der Mehrzahl der Interpreten wird Lady Macbeths Charakter im Vergleich zu Macbeth als noch schwärzer, böser, unmenschlicher beurteilt. In Anlehnung an Malcolms Bezeichnung für sie, der sie die »teufelsgleiche Königin« (V, 7, 101) nennt, sieht z.B. Knight in ihr eine »Inkarnation des [. . .] Bösen« (1949, S. 152) und rückt sie damit auf eine Ebene mit den Hexen, die, ob sie nun menschliche Hexen sind, d. h. sterblich, oder un-menschliche Hexen, d.h. Höllengeister, jedenfalls »erfüllt von gemeiner Boshaftigkeit« (Bradley, S. 341) erscheinen und damit zugleich böse Mächte bezeugen, »die in der Welt fortwährend am Werke sind« (ebd.) und in *Macbeth* so augenfällige dramatische Gestaltung finden. Laut Hawkes haben die Hexen es auf nichts Geringeres abgesehen, als die »Weltordnung zu zerstören« (S. 6), ein Ziel, das sie mit Macbeths Hilfe oder er mit ihrer Hilfe und der der Lady in den wenigen Wochen seiner Schreckensherrschaft über Schottland auch erreichen.

Zu Macbeth, Lady Macbeth und den Hexen gesellen sich als weitere dramatische Figuren, die das böse Prinzip repräsentieren, Hekate und der Teufel, wenn wir unterstellen dürfen, dass die Hekate-Szene authentisch ist (vgl. S. 12) und dass Curry und Jorgensen richtig interpretieren, wenn sie sagen, dass der Geist des toten Banquo »der Teufel selber« sei. Freilich stehen weder die griechische Göttin der Unterwelt noch das personifizierte Prinzip des Bösen der christlichen Vorstellung als Handlungsträger im Vordergrund, doch ist ihre Beziehung über die Hexen und über Lady Macbeth zum Titelhelden so mannigfach und ist zusammen mit den Hexen ihr Beitrag zum Atmosphärischen der Tragödie so stark, dass man wohl Knight (1949, S. 147, 152) beipflichten kann, wenn er schreibt: »Macbeths Verbrechen ist Alptraum in Handlung verwandelt. Deshalb ist diese Welt unberechenbar, hässlich, chaotisch und irrational [. . .] Alle Personen sind in erster Linie nur dies: Menschen, von Angst und dem Erlebnis des Bösen in sich selber und in der Welt gelähmt«; und man darf Muirs zusammenfassendem Urteil zustimmen, dass bei Shakespeare »das Böse in keinem Drama so übermächtig vorhanden ist« (1959, S. LI) wie in *Macbeth.*

Nicht nur in Personen und Handlung manifestiert sich das Böse mit erdrückender Deutlichkeit, es wird uns zudem auch sein ureigenster Ort szenarisch vor Augen geführt: in der Hexenküche (IV, 1) und – mit Wickham (S. 39ff.) – in der Pförtner-Szene (II, 3). Zwar entspricht die Szene mit dem Pförtner als komische Einlage durchaus der Konvention des elisabethanischen Theaters (vgl. S. 7) und sicher »haben sich die Zuschauer bei seinen grobschlächtigen Auslassungen vor Lachen kaum halten können«, doch findet Bradley die Gesamtsituation, in die die Szene verwoben ist, »zu ungeheuerlich«, um auch nur schmunzeln zu können; »auch haben wir das sichere Gefühl, dass der Pförtner entsetzlich nahe an der Wahrheit ist, wenn er vorgibt, der Pförtner am Tor zur Hölle zu sein« (Bradley, S. 395f.). Wickham (S. 39ff.) nun hat auf zahlreiche Parallelen zwischen dem traditionellen Szenarium der Hölle und dem Geschehen in ihr, wie es in den mittelalterlichen Mysterienspielen stereotyp vorgeführt wurde, und der Pförtner-Szene in *Macbeth* hingewiesen: Da Mysterienspiele auch noch zur Shakespeare-Zeit nicht selten aufgeführt wurden, folgert Wickham, dass Shakespeares Publikum die Analogien der Pförtner-Szene zur Höllenszene des mittelalterlichen Theaters erkannt und in sein Verständnis des *Macbeth* eingebracht habe. Macbeths Burg, so lautet die Argumentation, das ist die Hölle selbst. Und es ist nur folgerichtig, wenn bei späterer Gelegenheit der Herr der Burg der »Teufel Schottlands« (IV, 3, 240) und die Burgherrin »teufelsgleiche Königin« genannt werden.

Die Entscheidung für das Böse und der Weg des Bösen führen Macbeth in den Nihilismus: »Aus! kleines Licht! – / Leben ist nur ein wandelnd Schattenbild; [. . .] ein Märchen ist's [. . .] Das nichts bedeutet. –« (V, 5, 24 – 30). Müssen wir davon ausgehen, dass die lähmende Erfahrung eines, wie es scheint, übermächtigen Prinzips des Bösen in der Welt nicht nur Macbeths persönliches Geschick war, sondern darüber hinaus Shakespeares eigene, wenn auch vielleicht nur vorübergehend vertretene Weltauffassung? Mit anderen Worten: Spricht Macbeth nur für sich oder ist er auch Sprachrohr seines Schöpfers?

Wenn wir fragen, warum Macbeth zum Nihilismus gelangt, so müssen wir antworten: weil er schließlich die schlichte, aber dennoch über Anarchie oder Ordnung im menschlichen Zusammenleben entscheidende Einsicht gewinnt: »ein Verbrechen zahlt sich nicht aus« (Hunter 1967, S. 7); und indem Shakespeare an dem Zusammenhang zwischen der Erfahrung der Nichtigkeit der Welt und dem Weg der bösen Taten, der in diese Erfahrung einmündet und hier endet, keinen Augenblick einen Zweifel lässt, wird die in *Macbeth* dargebotene Welt des Bösen relativiert. »Durch seine Handlungsweise hat Macbeth das Dasein sinnlos gemacht. Shakespeare dagegen stiftet erneut den Sinn des Daseins, und zwar dadurch, dass er Macbeths Nihilismus als Folge seiner eigenen Verbrechen darstellt.« (Muir 1959, S. LX)

Zwar schildert das Stück, wie das nationale Chaos über Schottland hereinbricht und selbst die Ordnung der Natur gestört wird, doch schildert es auch, wie die »gesamte ›Ordnung‹ selber sich schließlich anschickt, die Herrschaft des Bösen zu beenden« (Holloway, S. 64); und obwohl das Böse in keinem Shakespeare-Drama so augenfällig thematisiert erscheint, ist dennoch zugleich auch gesagt worden, »dass es kein Stück gibt, das in so augenfälliger Weise den Gegensatz des Guten zeigt« (Muir 1959, S. LII). Und dies ist in mannigfacher Weise der Fall: Die große Mehrzahl der Kritiker sieht trotz allem auch im Verbrecher-Helden Macbeth, dem »Höllenhund« (V, 7, 33), einen »edlen Helden« (Schlegel, S. 173, ähnlich auch Murry and Coe), den wir »in keinem Augenblick als ein Kind der Finsternis« begreifen (Bradley, S. 364); »Er ist jemand, der monströse Taten begeht, ohne doch selber gänzlich zum Monster zu werden« (Crane, S. 171) etc. Auch der Seele der »teufelsgleichen Königin« haben Kritiker einen »edlen Kern« (Murry, S. 325) nicht abgesprochen, der sich in ihrem Gewissen offenbare (ähnlich auch Coleridge, Bradley, Coe, Hunter). Und auch die zwielichtige Gestalt Banquos bekennt sich – wenn wir seinen Worten Glauben schenken dürfen – zur »guten« Sache Gottes: »Ich steh in Gottes großer Hand und so / kämpf ich der ungesprochenen Anmutung / Bösen Verrats entgegen« (II, 3, 139 – 141).

Freilich fühlt sich Banquo trotz seiner Bekundung ebenso wenig aufgefordert gegen das Böse anzugehen, wie Macbeth und die Lady auf ihr Gewissen hören und vom Bösen ablassen; die dramatische Gegenbewegung, der es schließlich gelingen wird, den »teuflischen Macbeth« (IV, 3, 124) zu überwältigen, formiert sich daher auch nicht um Banquo, sondern um Malcolm und Macduff am Hofe Edwards, des englischen Königs mit der wunderbaren Fähigkeit zu heilen. »Und die Erwähnung dieser Fähigkeit zu heilen in unmittelbarem Zusammenhang mit Malcolm, der selber bald das gepeinigte Schottland von seinem Macbeth-Übel heilen wird« (Mack, S. 153), hat Signalcharakter für den weiteren Verlauf des Geschehens. Macduff, der rächende Richter, der richtende Rächer, versteht sich als Vollstrecker eines göttlichen Auftrags, den »Teufel Schottlands« zu bekämpfen, das blutende Land vom Tyrannen zu befreien, die Welt zu reinigen. Schon sein Klopfen und Rufen im Morgengrauen nach der Ermordung Duncans stellt insofern einen wichtigen Effekt dar, als es symbolisch die Anwesenheit des guten Prinzips trotz finsterster Mordnacht andeutet, denn Macduff wird es zufallen, dem Tyrannen den Sühnetod abzufordern: »Seine Stimme sollte wie einfallendes Licht sein – wie ein kraftvoll-wilder Sonnenaufgang« (Granville-Barker, S. 80; s. auch Wickhams Interpretation der Pförtner-Szene).

Zu den Repräsentanten des guten Prinzips sind ferner der junge Siward zu zählen, der als »Gottes Kriegsmann« (V, 7, 79) gegen den von ihm wie den Teufel gehassten Macbeth (vgl. V, 7, 8 – 9) ficht und fällt, und deutlich auch der alte Siward, der sich über den Tod seines Sohnes mit dem Gedanken tröstet, dass er eben als »Gottes Kriegsmann« gefallen sei; und auch das erste Opfer, König Duncan, der von seinem Mörder »mild« und »rein« genannt wird (I, 7, 22 und 23), zählt zur Seite der Kämpfer gegen das Böse: »[. . .] mit seiner großartigen Kunst gelingt es Shakespeare, die Seele Duncans auch nach seinem Tode durch den weiteren Verlauf des Stückes hindurch fortdauern und schließlich obsiegen zu lassen [. . .]« (Elliott, S .27).

Dies ist typisch für Shakespeare: Das gute Prinzip wird nicht nur durch »gute« Charaktere repräsentiert, sondern manifestiert sich zudem als die letztendlich obsiegende Kraft in der Auseinandersetzung mit dem Bösen; am Ende triumphiert es: Der mordende Tyrann wird bestraft, der rechtmäßige Thronfolger nimmt die Huldigung seiner Untertanen entgegen, das Chaos weicht der Zuversicht auf eine heile Welt, die Nichtigkeit des Daseins einer sinnerfüllten sozialen Ordnung.

4.6 Königsbilder

In *Macbeth* werden uns mit dem Titelhelden, mit dem alten König Duncan und mit dessen Sohn und rechtmäßigen Thronfolger Malcolm drei dramatische Figuren als Könige vorgestellt, von einem vierten König, Edward dem Bekenner von England, ist immerhin die Rede. Mit seinen Chronicle Plays, die im Deutschen mit Recht gern als »Königsdramen« bezeichnet werden, hatte Shakespeare schon lange vor *Macbeth* sein starkes Interesse nicht nur für die Geschichte seines Landes, sondern auch für seine politische Gegenwart bekundet, insofern nämlich, als in allen Königsdramen der Begriff des Königtums diskutiert und mit Herrscherpersönlichkeiten ausgefüllt wird, deren Tugenden und Untugenden, Fähigkeiten und Unfähigkeiten mehr oder weniger deutliche Bezüge zur herrschenden Monarchin Elisabeth aufweisen. Auch *Macbeth* ist unter einem wesentlichen Aspekt ein politisches Drama, indem Shakespeare hier abermals dem Begriff des Königtums nachgeht, der für die Gesellschaftsordnung seiner Zeit so konstitutiv war wie für uns etwa der Begriff der parlamentarischen Demokratie. Wir erkennen sofort, dass Shakespeare in der Gestalt des Macbeth einen König abgebildet hat, wie er nicht sein darf, und mit den übrigen Herrschergestalten kontrastiv zum Protagonisten Bilder von Königen malt, wie sie sein sollten.

Macbeth, der Usurpator und Tyrann: Selber durch gemeinsten Mord an die Macht gekommen, beschuldigt er andere, nämlich die beiden Wächter des alten Duncan, der Freveltat und tötet die Unschuldigen, um den Verdacht von sich abzulenken. Nur durch weitere Taten des Terrors gelingt es ihm, sich seine Macht eine Zeitlang zu bewahren: In den Häusern seiner politischen Gegner tun Bestochene Spitzeldienste für ihn – »bezeichnend für den gesamten Zustand von Macbeths Königreich« (Granville-Barker, S. 85); gemäß der Rechtsauffassung der Sippenhaftung lässt er Macduffs Familie umbringen, da ihm das Familienoberhaupt selber entkommen konnte; er paktiert mit dem Bösen, er hält sich für unbesiegbar und verhöhnt andere ob ihrer Verwundbarkeit. Das Land stöhnt und blutet unter seiner Schreckensherrschaft.

Macbeth betrachtet das Königtum nicht als Verantwortung und Aufgabe, vor denen das persönliche Interesse zurückzutreten hat, sondern, im Gegenteil, als einzigen Weg zur Befriedigung des seiner Person eigenen Ehrgeizes, der sich als »Machtgier« (Knights, S. 120) manifestiert. Und indem er glaubt, die höchste Stufe der Macht nur durch Zerstörung der tradierten, die Gesellschaft begründenden sittlichen Ordnung erlangen zu können, muss seine »Person mit der Idee der Revolte« (Holloway, S. 73) gleichgesetzt werden. Der König Macbeth, anstatt die gesellschaftliche wie sittliche Ordnung zum Wohle seiner Untertanen zu bewahren, zerstört sie in der Verfolgung eigennütziger Interessen. Der Königsmord, der am Anfang seines Weges zur Macht steht, ist daher »als ein dramatisches Korrelat für den Ansturm der Anarchie jedweder Art gegen sowohl äußere wie auch innere Autorität zu begreifen« (Mack, S. 190). Es ist daher nur folgerichtig, wenn in der Gestalt Macbeths ein König geschildert wird, der zwar ein guter Soldat ist, jedoch als Herrscher und d. h. als Politiker völlig versagt. »In *Richard II.* und *Hamlet* sind die Königsmörder selber erfolgreiche Könige, doch eben in diesem Punkte weicht Shakespeare von seiner Quelle ab und vermeidet jeglichen Anschein davon, dass Macbeth politisch erfolgreich wäre.« (Mack, S. 152) Als Mensch würdigt Macbeth sich selbst zum blutigen Tyrannen herab, als Herrscher führt er sein Land bewusst in ein blutiges Chaos.

In der Absicht, ein besonders scharfes Kontrastbild zu Macbeth zu zeichnen, geht Shakespeare auch in der Gestaltung Duncans von seiner Quelle ab und führt in ihm einen König vor, der sich – weit deutlicher als bei Holinshed – »in seinem großen Amte [. . .] rein und klar« (Stoll, S. 27) bewährt und der uns als edelmütig, dankbar, großzügig und vertrauensvoll geschildert wird.

»Dieser König übt seine Vollmacht mit Sanftmut aus und erfüllt sein großes Amt ohne Tricks und Schliche, mit Milde, doch auch Entschlossenheit und mit gütiger Gerechtigkeit. Ihm ist jene Sanftmut eigen, nach der die Welt in dem Sinne verlangt, dass sie allein die menschliche Gesellschaft wirklich in eine menschliche Familie verwandeln kann.« (Elliott, S. 27)

Gerade seine Tugend sanftmütigen Vertrauens wird ihm zum Verhängnis, indem er arglos in das Haus des heuchelnden Thronräubers kommt, wo er, der königliche Mensch, seinem Mörder zum Opfer fällt, der sich anschickt, ein unmenschlicher König zu werden.

Ein weiteres Kontrastbild zu König Macbeth entwirft Shakespeare in dem ausführlichen Dialog in IV, 3 zwischen Malcolm und Macduff, dem künftigen rechtmäßigen König von Schottland und dem künftigen Befreier Schottlands von der Tyrannei. Zunächst jedoch wird in der vorgeblichen Selbstanklage Malcolms nur allzu eindringlich das Bild des Schreckensherrschers nachvollzogen. Wenn Malcolm hier neben Habgier und Falschheit (81 – 89) auch die Untugend der zügellosen Wollust nennt (62 – 65), die dem Tyrannen nicht nachgesagt werden kann, so folgt Shakespeare damit nicht nur sehr genau seiner Quelle, sondern – in negativer Kontrastzeichnung – auch seinem eigenen Idealbild vom König, ehe er es dann 97 – 99 positiv formuliert, indem er hier als »Königstugenden« aufzählt: »Wahrheit, Gerechtigkeit, Starkmut, Geduld, Ausdauer, Milde, Andacht, Gnade, Kraft, Mäßigkeit, Demut, Tapferkeit«. Es zeigt sich deutlich, dass Shakespeares Bild vom wahren König identisch ist mit den Inhalten eines allgemein menschlichen Tugendkatalogs. Das besondere Königsbild Malcolms wird ergänzt durch »besonnene Skepsis«, die er zeigt, indem er Macduff auf die Probe stellt, und durch »Malcolms aufrichtige Sorge um das Wohl seines Landes [. . .]: ›Mein wahres Selbst / Ist dir und meinem armen Land geweiht‹ (137 – 138)« (Mack, S. 152).

Die Klimax der Zeichnung eines positiven Gegenbildes zu Macbeth dem Tyrannen jedoch ist mit der kurzen Schilderung Edwards des Bekenners erreicht (IV, 3, 147 – 165), die ebenfalls ihre Vorlage in der Quelle hat: der fromme, tugendhafte Edward besitzt nicht nur »himmlischen Prophetengeist« (163), sondern er ist auch begnadet mit der wunderbaren Kraft der Heilung: Der unkönigliche Macbeth verbindet sich mit den Mächten der Finsternis und bringt Zerstörung und Tod – dem wahrhaft königlichen Edward ist die Heilkraft eines Heiligen eigen. »Und die Erwähnung dieser Fähigkeit zu heilen in unmittelbarem Zusammenhang mit Malcolm, der selber bald das gepeinigte Schottland von seinem Macbeth-Übel heilen wird, [. . .] fügt Malcolms pragmatischem Realismus einen Anflug von übernatürlicher Vollkommenheit hinzu.« (Mack, S. 153) Daher ist es dramatisch überzeugend, dass sich am Hofe gerade dieses Königs, um dessen Thron »vielfacher Segen steht« (IV, 3, 164), die Kräfte zum Sturz des heillosen Tyrannen formieren, die Geschehnisse des fünften Aktes vorbereitend, die den selbstsüchtigen diabolischen Tyrannen und die Verfechter eines vom Begriff der Humanitas geprägten, christlich-ideell überhöhten Königsbildes gegeneinander führen werden.

4.7 Form und Sprache

Unter den Shakespeare-Tragödien ist *Macbeth* mit 2 090 Zeilen die kürzeste; sie ist zugleich auch eine der dichtesten, komplexesten, dramatischsten: Kaum eine Figur und kaum eine Szene oder der Teil einer solchen können in einer Inszenierung entbehrt werden, wenn der Regisseur die kunstvolle Geschlossenheit des Ganzen nicht gefährden will. (Meist streichen Inszenatoren die Szene IV, 3 erheblich zusammen; zur dramatischen Relevanz dieser Szene vgl. jedoch Mack, S. 153f.).

»In keiner der Tragödien ist irgend etwas überflüssig, doch vermittelt vielleicht *Macbeth* den stärksten Eindruck von Konzentriertheit« (Knights, S. 122). Dieser Eindruck wird durch mehrere Faktoren hervorgerufen. Einmal schreitet die Handlung geradlinig und zielstrebig voran, ohne mit einer Nebenhandlung – anders z. B. in *King Lear* – verknüpft zu sein, d. h. auf sie Rücksicht zu nehmen und von ihr aufgehalten zu werden. Die Handlung schreitet zudem äußerst rasch voran – rascher vielleicht nur noch in *Othello*.

> »Die Handlung bewegt sich rasch und unmittelbar auf den Konflikt zu und von hier auf die vollständige Herausarbeitung von Geschehen und Thema [. . .] Das Hauptthema, nämlich die Umkehrung von Werten, wird unmissverständlich klar bereits in der ersten Szene genannt – ›Schön ist grässlich, grässlich schön‹ [. . .]. Bereits vor Ende des ersten Aktes kennen wir nicht nur die Werte, vor deren Hintergrund sich das Macbeth-Übel abzeichnen wird, sondern auch die aufeinander bezogenen Aspekte dieses Übels.« (Knights, S. 122)

Bereits in der zweiten Szene des zweiten Aktes ist mit dem Mord an Duncan ein erster Höhepunkt der Entwicklung Macbeths zum Verbrecher-Usurpator erreicht, der dritte Akt stellt uns Macbeth auf dem Höhepunkt seiner Macht vor – Banquo: »Du hast's nun, König, Cawdor, Glamis, alles« (III, 1, 1) – und leitet mit der Erscheinung des toten Banquo und Macbeths Entscheidung, erneut die Hexen aufzusuchen, auch schon seinen Niedergang ein. Während des gesamten Handlungsablaufs wird dem Zuschauer nur eine einzige Verschnaufpause gegönnt, nämlich die der komischen Einlage der Pförtner-Szene (II, 3), und auch die ist aufgrund ihrer symbolträchtigen und metaphorischen Verknüpfung mit der Handlung (vgl. Wickham) kaum als retardierendes Moment aufzufassen. Schließlich weist das Drama nur wenige voll ausgebildete Charaktere auf, vielmehr konzentriert sich die Charaktergestaltung auf den Protagonisten, und die übrigen Figuren – vielleicht mit Ausnahme der Lady – haben für uns nur Interesse durch ihre Beziehung zum Helden, vergleichbar den konzentrischen Kreisen um einen Mittelpunkt. Johnson (S. 795) sah sogar Anlass zu folgender Feststellung: »Dieses Stück wird verdientermaßen wegen [. . .] der Mannigfaltigkeit seiner Geschehnisse gelobt; doch es weist keine scharfsinnige Charaktergestaltung auf; die Ereignisse sind zu überwältigend, um die Auswirkung besonderer Charakterveranlagungen zuzulassen.« Wenn wir auch nicht bereit sind dem zuzustimmen, so ist andererseits doch zutreffend, dass die Charaktere nur solche Merkmale aufweisen, die für das Geschehen relevant sind. Dies meint Knight (1949, S. 147), wenn er sagt: »Sie sind überhaupt keine ›Charaktere‹ in der üblichen Bedeutung des Wortes. Sie sind nur schwach individualisiert.« Diese Beobachtung trifft zweifellos in dem Sinne zu, dass das Spektrum der Charakteranlage verhältnismäßig schmal ist, oder anders: sich eben auf ein für das Geschehen Wesentliches konzentriert. Weder weist die Handlung eine Episode noch weisen die Charaktere Wesensmerkmale auf, die überflüssig und damit verzichtbar wären. *Macbeth* besteht gewissermaßen nur aus Substanz unter fast völligem Verzicht auf Beiläufiges. Zugleich ist Shakespeare ein Höchstmaß an wirkungsvollem Einsatz dessen gelungen, was nun wirklich unverzichtbar ist. Besonders augenfällige Beispiele für konzentriertesten Einsatz von Mitteln bei gleichzeitiger äußerster Wirksamkeit derselben sind für Dialogführung und Stimmungselemente die erste Szene, für Charaktergestaltung die Gestalt Macduffs;

> »Shakespeare geht in diesem Stück zwar sparsam mit seinem Stoff um, doch bietet er auch im Falle Macduffs genug, um ihn scharf zu profilieren. Seine Frage ohne Umschweife, ›Warum hast du das getan?‹, nach Macbeths Mitteilung, er habe die Kämmerer getötet, [. . .] ist, gut gespielt und in Szene gesetzt, so viel wert wie zahlreiche expositorische Reden.« (Granville-Barker, S. 81)

Und schließlich ist *Macbeth* von prickelnd dichter, von intensivster Atmosphäre des Finsteren, Unheimlichen, Grauenhaften, lastend Schweren. Nicht nur Szenarien und Handlung bewirken diesen Eindruck – »Es ist auffällig, dass sich fast alle Szenen, die im Gedächtnis haften bleiben, entweder zu nächtlicher Stunde oder sonst an einem finsteren Ort abspielen« (Bradley, S. 333) – sondern auch die Diktion: »Selbst der Sprachstil des Stückes ist von hypnotischer, alptraumartiger Qualität.« (Knight 1949, S. 147) Dieser Gesamteindruck des Monolithischen und Finsteren bleibt bestehen, auch wenn die Handlung zum Licht führt: aus der Finsternis des Verbrechens zum Lichte des Rechts.

Entsprechend ist die Diktion in *Macbeth* knapp, konzise, atmosphärisch mitunter zum Bersten stark aufgeladen, äußerst bilderreich und doch zugleich ohne Umschweife zur Sache sprechend. Dies gilt nicht nur für die großen

Monologe Macbeths und der Lady, sondern auch für eine Vielzahl von Versen aus den Dialogen. Eine knappere und zugleich auch ausdrucksvollere und aussagekräftigere Sprache als die etwa der folgenden Beispiele ist kaum denkbar:

Lady Macbeth, als sie ihren Mann zum Mord an Duncan bewegen will: »I have given suck, and I know / How tender 'tis to love the babe that milds me – / I would, while it was smiling in my face, / Have plucked my nipple from his boneless gums, / And dashed the brains out, had I so sworn as you / Have done to this« (I, 7, 54 – 59; ich hab gesäugt und weiß, / Wie süß, das Kind zu lieben, das ich tränke; / Ich hätt, indem es mir entgegenlächelte, / Die Brust gerissen aus den weichen Kiefern / Und ihm den Kopf geschmettert an die Wand, / Hätt ich's geschworen, wie du dieses schwurst; I, 7, 62 – 67); – der Erste Mörder, eine Wortkulisse für die Szene zum Überfall auf Banquo und Fleance malend und zugleich die Handlung weiterführend, indem er vom Herannahen der Opfer spricht: »The west yet glimmers with some streaks of day: / Now spurs the lated traveller apace / To gain the timely inn, and near approaches / The subject of our watch« (Der West glimmt noch von schwachen Tagesstreifen: / Der Reiter spornt nun eil'ger durch die Dämmrung, / Zur Schenke noch zu kommen; und schon naht / Der, den wir hier erwarten; III, 3, 5 – 8); – Macbeth vor dem Entscheidungskampf: »I'll fight, till from my bones my flesh be hacked« (Ich will fechten, / Bis mir das Fleisch gehackt ist von den Knochen; V, 3, 31 – 32).

Gemeinsam mit Othello hat Macbeth die poetische Begabung, seiner ausgeprägten Imagination, der visionären Verdichtung von Gedanken und Gefühlen zu intensiv geschauten Bildern, adäquaten sprachlichen Ausdruck zu verleihen. »Die verborgenen Vorgänge in seiner Seele bilden sich zu Stimmen und Visionen um« (Grierson, S. XXV). Die Intensität und Konkretheit dieser Stimmen und Visionen ist mitunter so stark, dass Macbeth nicht mehr der »Poet« zu sein scheint, der sie sprachlich bändigt, sondern vielmehr das Opfer, das von ihnen überwältigt wird und daher kaum noch in der Lage ist, die Sprachgestalt seiner Bilder, die Syntax seiner Sätze zu Ende zu führen (vgl. etwa den Monolog zu Anfang von I, 7 und den Dolch-Monolog in II, 1). »Er steht an der Grenze zwischen der Welt der Wirklichkeit und der Welt der Fantasie. Er sieht Dinge, die sonst kein menschliches Auge erblickt.« (Hazlitt, S. 193) und die sich in Bildern manifestieren, »die beängstigend und erschreckend sind« (Bradley, S. 352). Auf Lady Macbeth trifft wie auf ihren Ehemann zu, dass sie mit poetischer Begabung ausgestattet ist. »Sie war eine Frau mit der Veranlagung zum Visionären und zur Tagträumerei« (Coleridge, S. 221), und auch sie verfügt über die Sprachgewalt, ihren Visionen und Träumen dichterischen Ausdruck zu verleihen (vgl. z. B. ihren Monolog I, 5, 42ff.).

Ein poetischer Text lebt wenigstens so sehr aus seiner Bildlichkeit wie aus seinem Informationsgehalt; je intensiver und überzeugender die Bilder sind, desto eher vermögen sie, die Sachinformation zu ergänzen und poetisch zu durchdringen. Caroline Spurgeon unterscheidet in ihrem richtungweisenden Buch *Shakespeare's Imagery and What It Tells Us* neben einer Reihe untergeordneter Bildgruppen vier Hauptgruppen von Bildern, die als »Symbolvorstellungen« für die Sprachgestalt des *Macbeth* kennzeichnend und daher für das Verständnis der Tragödie besonders aufschlussreich sind. Die erste dieser Hauptgruppen umfasst die Metaphern der Kleidung und des Tragens von Kleidung;

vgl. z. B. Macbeth zu Ross und Angus, als diese ihm mitteilen, er sei nunmehr der Than von Cawdor: »[. . .] why do you dress me / In borrow'd robes?« (I, 3, 108 – 109; warum zieht ihr mich mit geborgten Kleidern an?); Banquo über Macbeth unmittelbar nach der Weissagung der Hexen: »Die neue Würde engt ihn, / Wie fremd Gewand sich auch nur durch Gewohnheit / Dem Körper fügt.« (I, 3, 145 – 147); Angus über Macbeth, der sich auf Schloss Dunsinane zum letzten Kampf rüstet: »Jetzt fühlt er seine Würde / Zu weit und lose, wie des Riesen Rock / Hängt um den dieb'schen Zwerg« (V, 2, 20 – 22).

Der Symbolgehalt dieser Metaphern und damit ihr Wert als Schlüssel zum Verständnis der Tragödie liegt darin, dass wir Macbeth als Thronräuber erkennen, der nach einer Würde strebt, die seiner Persönlichkeit nicht angemessen ist. Macbeth ist sicher ein guter Soldat und Heerführer, doch ein guter König ist er nicht. »Die Vorstellung kehrt immer wieder, dass Macbeths neue Ehren ihm übel anstehen, wie viel zu weite und daher schlecht passende Kleidung, die jemand anderem gehört.« (Spurgeon, S. 324). Als zweite Hauptgruppe von Bildern nennt Caroline Spurgeon die Metaphern des lauten Schalles und seines Widerhallens durch unermessliche Räume;

vgl. z. B. Macduff, den desolaten Zustand Schottlands beklagend: »An jedem Morgen heulen neue Witwen, / Und neue Waisen wimmern; neuer Jammer / Schlägt an des Himmels Wölbung, dass er tönt, / Als fühlt' er Schottlands Schmerz und hallte gellend / Den Klagelaut zurück« (IV, 3, 5 – 9); Ross zu Macduff, als er diesem vom Tod seiner Frau und Kinder berichten will: »[. . .] ich habe Worte – / Oh, würden sie in leere Luft geheult, / Wo nie ein Ohr sie fasste!« (IV, 3, 200 – 202).

Mit der mannigfaltigen Verwendung dieser und verwandter Metaphern deutet Shakespeare das kaum fassbare Ausmaß der bösen Taten Macbeths und ihrer Konsequenzen für sich selber, für Schottland und sogar für die Natur und das Universum an. Die dritte Hauptgruppe von Bildern umfasst die Symbolvorstellungen des Lichts, das für Leben und Tugend, für das gute Prinzip steht, und umfasst entsprechend ferner die Symbolvorstellungen der Finsternis als Metaphern des Todes und des bösen Prinzips;

vgl. z.B. Duncan, nachdem er seinen Sohn Malcolm zum Prinzen von Cumberland erkoren hat: »[. . .] Adelszeichen sollen, Sternen gleich, / Auf jeden Würd'gen strahlen« (I, 4, 42 – 43); Macbeth, verbrecherische Gedanken hegend: »Stars, hide your fires! / Let not light see my black and deep desires« (I, 4, 50 – 51; Ihr Sterne, verbergt euren Glanz, damit das Licht nicht mein schwarzes, verborgenes Verlangen sehe); Lady Macbeth, als sie die Mächte der Finsternis anruft: »Komm, schwarze Nacht, / Umwölk dich mit dem dicksten Dampf der Hölle« (I, 5, 54 – 55); Ross zum Alten Mann nach dem Königsmord: »Die Uhr zeigt Tag; / Doch dunkle Nacht erstickt die Wanderlampe: / Ist's Sieg der Nacht, ist es die Scham des Tages, / Dass Finsternis der Erd Antlitz begräbt, / Wenn lebend Licht es küssen sollte?« (II, 4, 6 – 10).

»Die vierte der wichtigsten Symbolvorstellungen im Stück ist im gesamten Werk Shakespeares immer wieder anzutreffen, nämlich dass Sünde eine Krankheit ist – Schottland ist krank.« (Spurgeon, S. 331f.);

vgl. z. B. Caithness Malcolm als »Heil des kranken Staates« (V, 2, 27) bezeichnend; und Macbeth zum Arzt in der Erkenntnis, dass Schottland unter seiner Herrschaft »krank« geworden ist: »Arzt, könntest du meinem Land / Beschaun das Wasser, seine Krankheit finden« (V, 3, 50 – 51).

Diese Gruppe von Metaphern schließt nicht nur solche der Krankheit zur symbolischen Beschreibung der Unmoral Macbeths und Lady Macbeths und der aus dieser Unmoral erwachsenen Verbrechen und schließlich zur Andeutung des chaotischen Zustands Schottlands ein, sondern auch Bilder, die

»ihrem Wesen nach Linderung und Heilung andeuten: Balsam auf einer Wunde, Schlaf nach einem Fieberanfall, Abführmittel, schmerzstillende Mittel, ›das süße Gegengift des Vergessens‹ (V, 3, 43). Dadurch wird dem Leser oder Zuschauer Macbeths unaufhörliches, leidenschaftliches Verlangen nach Wohlergehen, Ruhe und – vor allem – Seelenfrieden auch bildlich veranschaulicht.« (Spurgeon, S. 332)

Neben diesen in *Macbeth* besonders auffälligen Symbolvorstellungen nennt Caroline Spurgeon als weitere die der Naturzerstörung als metaphorische Kennzeichnung der außergewöhnlichen Frevelhaftigkeit der von Macbeth begangenen Verbrechen (z. B. Macbeth selber über die Wunden Duncans, die er ihm beigebracht hat: »Sie waren wie ein Riss in der Natur, / Wo Untergang vernichtend einzieht«; II, 3, 121 – 122); ferner die Symbolvorstellungen, die einer wilden, raubgierigen, giftigen Tierwelt entnommen sind (z. B. Skorpione in III, 2, 39, Schlangen und Gewürm in III, 4, 31 und 32, Höllengeier in IV, 3, 224) und unserem Gefühl des Schreckens und Entsetzens entsprechen und dieses noch steigern, und schließlich die Symbolvorstellung eiligen Reitens, die unsere Empfindung, die Handlung eile rasch voran, bestätigen und auch den Eindruck der Ungehemmtheit und Zügellosigkeit verstärken, der sich uns von Macbeths tyrannischer Herrschaft über Schottland aufdrängt. Macbeth macht auffälligerweise selber häufigen Gebrauch gerade von der Metaphorik des Reitens, so auch am Ende jenes zentralen Monologs (I, 7, lff.), wo er in Selbsterkenntnis einsieht, dass nichts als sein eigener Ehrgeiz ihn zur Untat treibt. In der Nachfolge Caroline Spurgeons hat Holloway das Bild von Reitern und Pferden in *Macbeth* weiter ausgedeutet, nämlich ganz allgemein als Symbolisierung von Macbeths »Reise in Richtung auf ein allumfassendes Chaos« und im besonderen Falle des Pferdegalopps, das Macbeth (IV, 1, 141) hört, als das Galoppieren »der vier apokalyptischen Reiter: Sie bringen mit ihrem Ritt über die Erde das Unheil, das die zu erwartende Auswirkung von Menschen begangener böser Taten ist und zugleich die angemessene Strafe dafür« (Holloway, S. 63). Caroline Spurgeon, Holloway, Kott und andere haben übereinstimmend und mit Nachdruck auf die für *Macbeth* so charakteristische Metapher des Blutes hingewiesen, die Macbeths Schreckensherrschaft symbolisiert und damit einen Zustand der Welt beschreibt, in der das Prinzip des Bösen, wie es scheint, unumschränkte Gewalt auszuüben vermag. Bereits in der zweiten Szene, nach dem Auftritt der Hexen in der Eröffnungsszene, berichtet ein »blutender Krieger«, wie »Held Macbeth [. . .] / Das Glück verachtend mit geschwungnem Stahl, / Der heiß von Blut und Niederlage dampfte« (I, 2, 16 – 18), gemeinsam mit seinem Kriegsgefährten Banquo siegreich auf die Feinde eindrang, wie als wolle er sie »in heißem Blute baden« (I, 2, 40). Es fällt schwer, die Klimax der Anwendung der Blut-Metapher in *Macbeth* zu bestimmen. Caroline Spurgeon sieht den grauenvollsten Effekt der Metapher in Macbeths eigener Beschreibung seines blutigen Weges: »Ich bin einmal so tief in Blut gestiegen, / Dass, wollt ich nun im Waten stillestehn, / Rückkehr so schwierig wär, als durchzugehn« (III, 4, 149 – 151), während für sie die bildlich stärkste Verwendung der Blut-Metapher in Macbeths Beschreibung seiner blutbeschmierten Hände nach der Ermordung Duncans enthalten ist: »Kann wohl des großen Meergotts Ozean / Dies Blut von meiner Hand rein waschen? Nein; / Weit eh'r kann diese meine Hand mit Purpur / Die unermesslichen Gewässer färben / Und Grün in Rot verwandeln« (II, 2, 64 – 68).

Mit Caroline Spurgeons Hinweis auf die Symbolvorstellungen des Lichts und zugleich der Finsternis und der Krankheit und zugleich auch der Heilmittel ist bereits angedeutet worden, dass die der Tragödie zugrunde liegende Antithetik des bösen und des guten Prinzips nicht nur im dramatischen Konflikt und in den Charaktergruppierungen, sondern auch in der Bildlichkeit Ausdruck findet. Holloway hat in diesem Zusammenhang eine weitere, ergänzende Beobachtung gemacht, den Symbolgehalt des Ganges des Birnamwaldes nach Schloss Dunsinane betreffend, also den Marsch der Natur auf Macbeths Schloss, um »die Herrschaft des Bösen zu beenden«: Holloway (S. 64) nennt den Angriff der mit Ästen aus dem Birnamwald getarnten Soldaten auf Macbeth »eine Pantomime der Natur, die auf dem Höhepunkt des Stückes die Anti-Natur niederstürzt«. Zahlreiche weitere konträr angeordnete Bilder und Begriffspaare wie Chaos und Ordnung, Teufel und Engel, Hölle und Himmel, Schein und Wirklichkeit unterstreichen die dramatische Antithetik des Stücks, die zugleich der Grundraster des barocken Weltverständnisses ist. Bereits in der ersten Szene deuten die Hexen mit der Antithese von »Fair is foul and foul is fair« dieses Weltverständnis an, das denn auch Macbeth erfahren muss: Sein Griff nach der Krone, sein Streben nach Größe führt ihn zu der Erkenntnis, dass das Leben doch nur ein »Schattenbild« ist, ein »Märchen«, »Das nichts bedeutet« (V, 5, 30).

5 Ausgewählte Texte zur Wirkungsgeschichte

Mit Ausnahme des *Hamlet* hat kein anderes Werk Shakespeares in der Literaturkritik ein so starkes Echo gefunden wie *Macbeth.* Aus der kaum zu überblickenden Vielfalt kritischer Stimmen seien im Folgenden einige markante Beispiele wiedergegeben:

5.1 Zu Macbeth

AUGUST WILHELM VON SCHLEGEL (1809):

»Shakespeare wollte uns ein erhabneres Bild zeigen: einen ehrgeizigen aber edlen Helden, der einer tief angelegten höllischen Versuchung erliegt und in welchem alle Verbrechen, wozu ihn die Notwendigkeit treibt, den Erfolg seiner ersten Untat zu behaupten, dennoch das Gepräge des angebornen Heldentums nicht ganz auslöschen können [. . .]

So sehr man seine Handlungen verabscheut, kann man seinem Gemütszustand nicht alle Teilnahme versagen; man beklagt die Verwüstung so herrlicher Anlagen.« (Kritische Schriften und Briefe, S. 173f.)

G. FLETCHER (1847):

»Dieser Charakter ist von äußerster Selbstsucht gekennzeichnet; er ist daher zu keinerlei moralischen Bedenken dagegen, anderen Schaden zuzufügen, fähig. Er weicht nur vor der Ächtung durch die Gesellschaft zurück und vor der Vergeltung, die auf die Ächtung folgen könnte. Nachdem er jedoch zu der Überzeugung gelangt ist, dass er Ächtung und Vergeltung wird vermeiden können, zögert Macbeth nicht einen Augenblick, den Dolch an die Kehle seines schlafenden Gastes zu legen. Doch nun zeigt sich die Kehrseite seines Charakters, jene höchste Reizbarkeit, die in Verbindung mit einem klaren Verstand in ihm so viel poesievolles Grübeln hervorruft und die ihn gleichzeitig, da sie von keinerlei Selbstbeherrschung begleitet ist, einer außergewöhnlichen moralischen Feigheit überlässt. [. . .] Die von Macbeth gesprochene Poesie [. . .] ist nicht die Poesie eines glühenden oder wenigstens fühlenden Herzens, sondern ausschließlich die einer in krankhaftem Maße reizbaren Fantasie.« (Studies of Shakespeare, S. 109f.)

A. C. BRADLEY (1904):

»Anstatt dass Macbeths besseres Ich [. . .] zu ihm in der unverhohlenen Sprache moralischer Vorstellungen, Gebote und Verbote spricht, verkörpert es sich in Bildern, die beängstigend und erschreckend sind. Seine Vorstellungskraft ist daher das Beste in ihm, etwas, das tiefer und höher reicht als seine bewussten Gedanken; und wenn er ihr gehorcht hätte, wäre er sicher gewesen. Doch seine Frau missversteht ihn völlig und er versteht sich selber nur zum Teil. Die grauenhaften Bilder, die ihn vom Verbrechen abschrecken und seiner Ausführung folgen und die in Wahrheit der Protest seines besseren Ich sind, erscheinen seiner Frau als die Ausgeburten nervöser Angstzustände. [. . .] Sein bewusster oder denkender Geist ergeht sich vornehmlich in Erwägungen äußeren Erfolgs oder Misserfolgs, während sein inneres Wesen von Gewissensbissen erschüttert wird.« (Shakespearean Tragedy, S. 352f.)

»Selbst bis zum Ende verliert er niemals ganz unser Mitgefühl. Wir begreifen ihn in keinem Augenblick als ein Kind der Finsternis. In dem Trotz, mit dem er, um seine letzte

Hoffnung betrogen, der Erde, dem Himmel und der Hölle die Stirn bietet, bleibt etwas Erhabenes bewahrt. Auch würde kein Mensch, dem das Böse anverwandt ist, zu jenem Herzerbrechen fähig sein, das ihn überkommt [. . .] Ein allerletzter Schimmer seiner angeborenen Liebe zu allem Guten und damit auch ein Hauch tragischer Größe ruht auf ihm.« (Shakespearean Tragedy, S. 364f.)

WILLARD FARNHAM (1973):

»Nichts ist eindeutiger, als dass Shakespeare Macbeth als einen Menschen darstellt, der wenigstens insoweit freien Willen hat, als er zwischen Gut und Böse zu wählen vermag, und der in der Wahl des Bösen für sich physischen Untergang und die seelische Hölle bereits auf Erden schafft [. . .]

Die Hexen enthüllen das Schicksal für Macbeth und deuten damit zugleich an, dass ein Teil dessen, was auf ihn zukommt, kommen muss, doch enthüllen sie ihm kein Schicksal, das böse Taten implizierte, und niemals zwingen sie ihn, Böses zu tun, auch nicht durch Suggestion. Als Hellseherinnen sprechen sie nur Unvollständiges aus. Doch dadurch verführen sie ihn Verbrechen zu begehen, für die er die volle moralische Verantwortung zu tragen hat, eine Verantwortung, die so umfassend ist, dass sie nicht nur die Ausführung, sondern auch das absichtsvolle Bedenken jeder Verbrechenstat mit einbezieht.« (Shakespeare's Tragic Frontier, S. 81)

5.2 Zu Lady Macbeth

ANNA B. JAMESON (1833):

»Es ist deutlich zu beobachten, dass in Lady Macbeths ausgeprägtem, stark-nervigen Ehrgeiz, der ihre Seele beherrschenden Leidenschaft, doch etwas typisch Weibliches enthalten ist: Sie ist weniger für sich selber als vielmehr für ihren Ehemann ehrgeizig. [. . .] In ihrem berühmten Monolog, den sie nach Erhalt des Briefes von ihrem Manne spricht, bezieht sie sich mit keinem Wort auf sich selber. Nur an ihn denkt sie: Sie wünscht ihren Ehemann auf den Thron und das Szepter in seine Hand. Durch die Kraft ihrer Liebe wird die Kraft ihres Ehrgeizes noch gesteigert. Obwohl wir aus dem historischen Bericht von Boëthius erfahren, dass Macbeths Frau nur so darauf brannte, selber den Titel einer Königin zu tragen, wird doch in der Gestaltung ihres Charakters durch Shakespeare dieser egoistische Zug ihres Ehrgeizes völlig vermieden. [. . .] Auch ist nichts Vulgäres in ihrem Ehrgeiz; wie die Kraft ihrer Liebe ihm etwas Tiefgründiges und Geballtes verleiht, so gibt ihre leuchtende Einbildungskraft dem Gegenstand ihres Verlangens Leuchtkraft. Wir können in ihrer weiten Seele nichts aufspüren, was darauf hindeutete, dass es der bloße Tand und Flitter der Königswürde sei, der sie blendet und verlockt: Ihr Verbrechen ist das des himmelstürmenden Renegaten, und sie stürzt sich mit ihrem Mann in den Abgrund der Schuld, um für ›alle ihre Tage und Nächte einzig unumschränkte Macht und Herrschaft‹ heraufzuführen. Sie schwärmt, sie schwelgt in einem Traum von Macht. Sie greift nach dem goldenen Diadem, das ihren Geist verbrennen wird. Sie riskiert Leben und Seele, es zu erlangen, mit so vollkommener Begeisterung, mit einem so unerschütterlichen Glauben wie ein Märtyrer, der auf dem Scheiterhaufen den Himmel und die himmlische Herrlichkeit sich ihm eröffnen sieht [. . .]« (Characteristics of Women, S. 320f.)

WILLIAM MAGINN (1860):

»Von Malcolm wird Lady Macbeth als die ›teufelsgleiche Königin‹ gebrandmarkt. Abgesehen von ihrer Mittäterschaft bei der Ermordung Duncans – was freilich völlig ausreicht, um das Urteil aus dem Munde seines Sohnes zu rechtfertigen – tut sie im Verlauf des Dramas nichts, was diese Bezeichnung verdiente. [. . .] Sie, als seine Ehefrau die Vertraute seines Herzens, kennt die Zielrichtung seiner Gedanken; und, ihm in Liebe verbunden, wendet sie ihre gesamte Energie und opfert sie jedes ihrer Gefühle dafür auf, seinem Hoffen und Trachten dienlich zu sein. Dies und sonst nichts ist ihr Vergehen.« (Shakespeare Papers, S. 184)

CLEANTH BROOKS (1947):

»[. . .] sie ist rücksichtslos in der Wahl ihrer Mittel. Sie will immer den kürzesten Weg gehen. Dies soll nicht heißen, dass sie Skrupel nicht kenne oder dass sie komplizierte psychologische Zusammenhänge stets übermäßig vereinfachte. Doch sind Skrupel dazu da, dem Gegner Schwierigkeiten zu bereiten. Man darf sich nicht selber in ein Netz von Skrupeln verstricken. Obwohl sie ihren Mann liebt und obwohl ihr Ehrgeiz für sich selber Teil ihres Ehrgeizes für ihn ist, scheint sie doch geneigt zu sein, selbst Macbeth gelegentlich nur als Instrument zu betrachten und seine Hoffnungen, Ängste und seinen Stolz auszunutzen.

Ihr Rationalismus ist klar und eindeutig. Ganz offensichtlich meint sie, was sie sagt: ›Die Schlafenden und die Toten sind wie Bilder. Nur das Auge eines Kindes fürchtet gemalte Teufel. Wenn er blutet, nun, so werde ich die Gesichter seiner Kämmerer mit seinem Blut vergolden; denn alles muss so aussehen, als hätten sie es getan.‹ Es gibt keinen Moralkodex für sie: Schuld ist für sie so etwas wie Vergoldung (engl. guilt, gilt) – man kann es abwaschen oder aufmalen. Ihr Wortspiel ist keineswegs oberflächlich, es sagt vielmehr sehr viel über ihr Wesen aus.« (The Well Wrought Urn, S.42f.)

W. MOELWYN MERCHANT (1977):

»Lady Macbeth maßt sich an, ihren Mann verurteilen zu dürfen, wobei sie die üblichen Moralkategorien umdreht und seine Skrupel als große Schwäche auslegt. Die Tatsache, dass hierin eine Spur von Wahrheit liegt, verringert nicht im Mindesten ihre moralische Unzulänglichkeit, ein Urteil zu fällen. Während sie zu diesem Urteil kommt, überantwortet sie ihre eigene Person, Körper und Seele, faustgleicher Dienstbarkeit; auch wird dadurch ihre moralische Verantwortlichkeit in keiner Weise verringert, dass ihre Unterwerfung unter teuflische Mächte sie für den restlichen Verlauf des Dramas zu Tatenlosigkeit verdammt.« (›His Fiend-like Queen‹, S.48)

5.3 Zu den Hexen

G. FLETCHER (1847):

»Macbeth plant die Ermordung Duncans nicht etwa, weil und nachdem er den Schicksalsschwestern begegnet ist; sondern die Schicksalsschwestern begegnen ihm, weil und nachdem er den Mord geplant hat. Sie kennen ihn besser, als sein König ihn kennt, der sagt, ›keine Kunst lehrt uns, Gedanken vom Gesicht abzulesen‹. Die Helfershelferinnen des Bösen jedoch verstehen sich darauf, ›Gedanken‹ selbst dort zu lesen, wo es das menschliche Auge nicht vermag, nämlich in der Seele.« (Studies of Shakespeare, zit. n. New Variorum Edition, S. 405)

WILLIAM MAGINN (1860):

»Es bedarf keiner großen Auslegekunst, um festzustellen, dass es die ›Schicksalsschwestern‹ überhaupt nicht gibt. Die Stimme, die dem Than von Cawdor sagt, er werde

König werden, ist die Stimme seines eigenen Ehrgeizes. In seiner eigenen Brust braut er die Höllenbrühe, aus der jene Erscheinungen aufsteigen; die Zutaten zur Brühe sind seine bösen Leidenschaften und sündhaften Hoffnungen.« (Shakespeare Papers, S. 184)

Edward Rose (1880 – 86):

»Wir sollten Macbeths Veranlagung, Hexen und Geister sehen zu können, nicht überbewerten: Diese Veranlagung sagt nur sehr wenig über seinen Charakter aus. Shakespeares Geister und Hexen waren reale Wesen, die tatsächlich von vielen Menschen sehr unterschiedlicher Charaktere gehört und gesehen wurden.« (Sudden Emotion in Shakespeare's Characters, S. 7)

A. C. Bradley (1904):

»Einerseits wird den Hexen, deren Anteil am ›Atmosphärischen‹ des *Macbeth* kaum hoch genug eingeschätzt werden kann, [von der Kritik] ein übertrieben großer Einfluss auf die Handlung zugeschrieben; sie werden mitunter als Göttinnen oder gar als Schicksalsgöttinnen aufgefasst, denen Macbeth dann freilich nichts entgegenzusetzen vermag. Dies ist eine Verzerrung. Andererseits hören wir, dass ihr Einfluss auf die Handlung so groß ist, wie er ist, weil sie symbolische Veranschaulichungen der unbewussten oder halbbewussten Schuld Macbeths sind. Und diese Erklärung ist unzureichend [. . .] Die Hexen sind weder Göttinnen oder gar Schicksalsgöttinnen noch in irgendeiner anderen Weise übernatürliche Wesen. Sie sind alte Weiber, armselig und zerlumpt, knochig und hässlich, erfüllt von gemeiner Boshaftigkeit [. . .] Wenn Macbeths Beeinflussung durch die Hexen freilich auch sehr groß ist, so ist es doch völlig klar, dass sie ihn nur beeinflussen und sonst nichts weiter. Nichts im Stück deutet darauf hin, dass es Shakespeares Absicht war, Macbeths Handlungen so darzustellen, als wären sie ihm von einer außerhalb seiner selbst liegenden Macht aufgezwungen [. . .]

Die Worte der Hexen sind für den Helden nur deshalb verhängnisvoll, weil in ihm etwas steckt, was aktiviert wird, als er sie hört [. . .]« (Shakespearean Tragedy, S. 340ff.)

Anthony Harris (1980):

»Bei einem wesentlichen Anteil der Diskussion über das Wesen der Schwestern ist es, zu Recht oder Unrecht, um den fatalistischen Aspekt des Begriffs ›Schicksal‹ gegangen. Eine Variante der Auffassung von den Schwestern als späten Versionen der antiken Schicksalsgöttinnen liegt darin, sie in einer Linie mit deren skandinavischen Entsprechungen zu sehen, den Nornen. [. . .] Jedoch ist jede einseitige Deutung des Wortes ›Schicksal‹ äußerst fragwürdig, denn Shakespeare scheint mit seiner Verwendung des Begriffs nur Holinshed zu folgen, der [. . .] sich mit Bedacht in seinem eigenen Bericht hinsichtlich des wahren Wesens der Frauen nicht festlegt. [. . .]

Andererseits ist nicht zu bestreiten, dass die Schwestern Merkmale zeigen, die sie mit Gestalten der alten Mythologien verbinden. In welchem Ausmaß sie Macbeths Zukunft lenken oder aber sie bloß prophezeien, ist reichlich diskutiert worden. Doch selbst dann, wenn ihre Fähigkeiten auf die der Prophezeiung beschränkt sind, könnten sie mit den orakelnden Göttern der Antike gleichgesetzt werden. [. . .] Nachdem die Schicksalsschwestern Macbeth dazu angestiftet haben, seinen verhängnisvollen Weg zu beschreiten, begleiten sie sein Schicksal, indem sie ihn in einer Weise peinigen, die an die antiken Furien erinnert. Es ist durchaus denkbar, dass etwa die Träume, die Macbeth nachts foltern, oder der Geist des ermordeten Banquo von den Schwestern hervorgerufen werden als Teil ihres Gesamtplans, Macbeth in Verzweiflung zu stürzen.« (Night's Black Angels, S. 35)

5.4 Zum Aussagegehalt des Stückes

WALTER RALEIGH (1907):

»Außer ganz gelegentlich wird uns in keiner der Tragödien Shakespeares eine moralische Lektion erteilt. Sie haben es mit Größerem als dem Menschen zu tun; mit Mächten und Leidenschaften, mit Elementarkräften, mit dunklen Abgründen des Leidens; mit dem Feuer der Mitte, das durch die dünne Kruste der Zivilisation hindurchbricht und einen Glanz an den Himmel über der Dunkelheit der zerstörten Heimstätten wirft. Weil er ein Dichter ist und wahre Einbildungskraft besitzt, weiß Shakespeare, wie unsicher des Menschen Festhalten am Erdboden ist, wie trügerisch seine behaglichen, gesitteten Gewohnheiten sind und seine alltägliche Sprache. In jedem Augenblick kann all dies durch das Wirken des Zufalls oder des Schicksals zerbrochen werden und die Welt kann erneut jenen Kräften überantwortet sein, die einst im Chaos miteinander gerungen haben.« (Shakespeare, S. 197)

L. C. KNIGHTS (1959):

»In keiner der Tragödien [Shakespeares] ist irgendetwas überflüssig, doch vermittelt vielleicht *Macbeth* den stärksten Eindruck von Konzentriertheit. Die Handlung bewegt sich rasch und unmittelbar auf den Konflikt zu und von hier auf die vollständige Herausarbeitung von Geschehen und Thema [. . .] Das Hauptthema, nämlich die Umkehrung von Werten, wird unmissverständlich klar bereits in der ersten Szene genannt – ›Schön ist grässlich, grässlich schön‹; und damit unmittelbar verknüpft ist die Vorahnung des Konflikts, des Chaos und der Unmoral, in die sich Macbeth stürzen wird. Bereits vor Ende des ersten Aktes kennen wir nicht nur die Werte, vor deren Hintergrund sich das Macbeth-Übel abzeichnen wird, sondern auch die aufeinander bezogenen Aspekte dieses Übels: Es lässt sich als verzerrte, ungeheuerliche Perversion des Willens, als Trübung des Lichts der Vernunft, als Prinzip des Chaos sowohl im Individuum wie auch in seinen vielfältigen sozialen Einbindungen und als Verfolgung von Illusionen gleichzeitig begreifen. All diese Aspekte, die im Verlauf des Stückes den Status einer Verflechtung von Ideen annehmen, werden durch die Wechselwirkung aller Mittel des poetischen Dramas aufgezeigt – Handlung, Kontrast, Aussage, Implikation, Bildlichkeit und Anspielung.« (Some Shakespearean Themes, S. 122)

MAYNARD MACK (1973):

»In *Macbeth* erreicht der Königsmord seine äußerste symbolische Dimension. Obwohl die politischen und persönlichen Probleme wichtig bleiben, werden wir doch dahin geführt, in Macbeths Erfahrung den Königsmord als ein dramatisches Korrelat für den Ansturm der Anarchie jedweder Art gegen sowohl äußere wie auch innere Autorität zu begreifen. Wir erfahren nicht, von woher genau der böse Vorsatz zum Königsmord in Macbeth seinen Ursprung nahm, doch verfolgen wir in allen Einzelheiten, was passiert, wenn ein Mensch einen Modus traditioneller Autorität verletzt, der sich als ein Aspekt seiner eigenen moralischen und geistigen Wohlfahrt erweist, und wenn dieser Mensch dadurch zugleich in sich selber nicht nur die Realität, sondern auch den Traum von einer Einheit von Mikrokosmos und Makrokosmos auslöscht, wie sie die uralte nostalgische Vision verheißen hatte.« (Killing the King, S. 190)

6 Theatergeschichte

6.1 Theatergeschichte des »Macbeth« in England

Nach der Rückkehr der Stuarts auf den englischen Thron 1660 bis gegen die Mitte des 18. Jahrhunderts war die Bearbeitung des *Macbeth* durch Sir William Davenant im Geschmack der Restaurationszeit Grundlage jeder Inszenierung. Durch reichliches Singen und Tanzen der Hexen hat Devenant dem Drama ein opernhaft-unterhaltsames Gepräge verliehen; ferner hat er es im klassizistischen Geschmack geglättet und ausbalanciert: Herbe, grobe Nebenfiguren wie der blutende Captain und der Pförtner fehlen, auch die Ermordung von Macduffs Söhnchen fehlt; dafür ist die Rolle der Lady Macduff als Repräsentantin des moralischen Gewissens umgestaltet und erweitert worden, sodass die »böse« Lady Macbeth in ihr ein »gutes« Gegengewicht hat; auch Sprache und Metrik hat Davenant im Geschmack seiner Zeit in einem Ausmaß gereinigt und geglättet, dass von der Sprachgewalt der Shakespeare-Verse kaum noch etwas zu spüren ist.

Mit seiner Darstellung des Macbeth im Jahre 1744 behauptete der berühmte Schauspieler David Garrick, auf das Shakespeare-Original zurückgegangen zu sein. Dies traf zwar weitgehend für Shakespeares Sprache zu, doch ließ auch er den Pförtner und die Ermordung des kleinen Macduff aus und behielt das davenantsche Singen und Tanzen der Hexen bei; und er fügte einen kurzen Sterbemonolog des Macbeth hinzu, in dem dieser ein Schuldbekenntnis ablegt und seiner Angst vor Strafe in der Hölle Ausdruck verleiht.

Mit was für einer unglaublichen Intensität Garrick sich in die Rolle zu versetzen und diese Intensität auch auszustrahlen vermochte, geht u.a. aus der folgenden Mitteilung seines Biografen Fitzgerald hervor: Bei einer Aufführung passierte es, dass der Mörder, der ihm in der Bankettszene von der Ermordung Banquos berichtet, auf Macbeth-Garricks Bemerkung hin, »Auf deinem Gesicht ist Blut«, seine Hand zu seinem Gesicht führte und schreckerfüllt sagte: »Wirklich? Mein Gott!«

Die berühmteste Verkörperung der Lady Macbeth, eine der eindrucksvollsten schauspielerischen Leistungen der englischen Theatergeschichte überhaupt, ist die durch Sarah Siddons, die die Rolle zwischen 1775 und 1817 unzählige Male in ungezählten Inszenierungen spielte, meist zusammen mit ihrem Bruder Philip Kemble als Macbeth. Die schöne Sarah Siddons charakterisierte die Rolle durch würdevolle Majestät, Willensstärke, Horror und Dämonie zugleich. »Die Zuschauer schienen von der Kühle des Grabes umgeben, während sie sie anschauten«, beschreibt Sheridan Knowles, ein zeitgenössischer Schauspieler und Bühnenschriftsteller, die starke Wirkung von Sarah Siddons in der Schlafwandel-Szene, »es herrschte die Totenstille und die muffige Feuchtigkeit eines nächtlichen Leichenhauses. [. . .] Dabei lief es einem heiß und kalt den Rücken herunter und es verschlug einem den Atem.« Und bei anderer Gelegenheit ergänzte Knowles: »Es roch nach Blut! Ich schwöre, dass es nach Blut roch.«

Von der Art der Darstellung Macbeths durch Philip Kemble gewinnen wir einen Eindruck aus den Worten des bedeutenden Dichters, Journalisten und Kritikers Leigh Hunt: »Mit was für einem Ausdruck innerer Abwesenheit ging er durch den ersten Akt, während sein Auge seltsame Dinge sah, die andere nicht sehen konnten! Was für eine zitternde Hand, die seine Unentschlossenheit verriet, streckte er nach seiner ihn verachtenden Frau aus, und wie wies er es von sich, ›in dieser Angelegenheit‹ weitere Schritte zu unternehmen, während sein funkelndes Auge doch zugleich sich am Wahnbild der Krone zu weiden schien, das ihn in die Richtung auf Duncans Zimmer lockte.«

Die Nachfolge Philip Kembles als maßgebender Macbeth-Darsteller trat ab 1814 Edmund Kean an, der den feinsinnigen, schwachnervigen Verbrecher hervorkehrte.

Um die Mitte des 19. Jahrhunderts war William Macready der am meisten gefeierte Macbeth-Darsteller. Er betonte die Männlichkeit und das Moment des Heroischen in Macbeths Charakter, den er als einen zum Herrschen Geborenen verstand. Besonders in seinem Verhalten gegenüber den Hexen (in IV, 1) gab Macready den Ton des Gebietens und Befehlens wieder, als wäre er jemand, der sein Schicksal aus eigener Kraft selber bestimmte und nicht im Netz höllischer Intrigen gefangen sei.

Mit seinen beiden Macbeth-Verkörperungen von 1875 und 1888 knüpfte Henry Irving wieder an die von Kean vertretene Auffassung an und entwickelte sie unter Betonung des Moments der moralischen Feigheit weiter. E. R. Russel, der Theaterkritiker der *Daily Post,* schrieb über eine Aufführung mit Irving 1875: »Wenn sich Macbeths Gestalt von dem unheimlichen Himmel abhebt, kann niemand auf den Gedanken kommen, dass sich hier ein ganz normaler, erfolgreicher General auf dem Weg von seinem Sieg zur Siegerehrung befindet. In ihm steckt mehr, und dieses Mehr ist düsteres, verderbliches Über-sich-Hinausgreifen [. . .] Hoffen wir, [. . .] dass wir nichts mehr von jener Auffassung zu hören bekommen, er wäre ein liebenswertes Werkzeug in den Händen einer teuflischen Frau.«

Die Inszenierungen des 20. Jahrhunderts bis über die Jahrhundertmitte hinaus sind durch Experimente gekennzeichnet: Der Regisseur Lewis Casson bemühte sich 1926 um eine Aufführung unter dem beherrschenden Gesichtspunkt der Realistik, dem er auch die Gestaltung der Szenarien unterordnete. Dies machte einen häufigen Kulissenwechsel nötig und ein dementsprechend häufiges – zweiundzwanzigmal – Herunterlassen des Vorhangs, wodurch das Stück die ihm innewohnende geballte, monolithartige Wucht zugunsten einer wirkungslosen Zersplitterung einbüßte.

Unter dem Gesichtspunkt der Aktualisierung stand die Inszenierung durch Barry Jackson 1928, der die Handlung in den Ersten Weltkrieg verlegte und dementsprechend Macbeth, gespielt von Eric Maturin, als Generalmajor in Khakiuniform und glänzenden Reitstiefeln erscheinen ließ und die Schlachtszenen akustisch mit Explosionen von Granaten und Maschinengewehrfeuer untermalte. Das in einer aktualisierten Umgebung delikate Problem der Darstellung der Hexen löste Jackson dadurch, dass er sie in Gestalt von Reinemachefrauen auftreten ließ.

Die Phase des mehr oder weniger erfolgreichen Experimentierens setzte sich 1935 fort mit der Verkörperung der Titelrolle durch Charles Laughton, der Macbeth als einen pathologischen Fall charakterisierte, und 1947 durch Michael Redgraves Interpretation Macbeths als eines zu Gefühlen unfähigen raubeinigen Haudegens, bis dann 1955 Sir Laurence Olivier der Rolle wieder das Gepräge eines klassischen tragischen Helden gab, eines Menschen von komplexem Charakter heißt das, in dem Sensibilität und Imagination ebenso wirksam sind wie hemmungslose, brutale Grobschlächtigkeit. Sir Oliviers Verkörperung Macbeths als eines breit gefächerten Charakters, der als ein tragischer in sich selbst den Konflikt auszutragen hat, lenkte die Intentionen zahlreicher Inszenierungen der Folgezeit wieder vom Experiment fort und d. h. zugleich erneut hin auf Shakespeare und die Konventionen des Theaters seiner Zeit. So verzichtete etwa William Gaskill in seiner Macbeth-Inszenierung 1966 (mit Alec Guinness und Simone Signoret) auf Lichteffekte jedweder Art, also auch auf die Unterscheidung von Tag- und Nachtszenen durch entsprechende Ausleuchtung der Bühne, und vertraute stattdessen völlig auf die Wirkung der im Text zahlreich enthaltenen Hinweise auf imaginäre Lichtverhältnisse. In Trevor Nunns Inszenierung 1977 in einer kleinen Werkraumbühne der Royal Shakespeare Company in London mit Ian McKellen in der Hauptrolle bildeten leere Bierkisten die einzigen Andeutungen einer Kulisse; getreuer Nachvollzug des Originaltexts und völliger Verzicht auf Gags und Tricks und anderes Beiwerk machte den Blick der Zuschauer frei für die Einsicht, dass kein einmaliges Ereignis einer entlegenen Zeit im Spiel wiederholt, sondern dass hier unmittelbare, bedrückende Gegenwart vorgeführt wurde: Die Inszenierung bestätigte die Aktualität von Shakespeares Tragödie nach 370 Jahren gerade durch die Vermeidung jeden Anscheins einer Modernisierung.

Auch Peter Halls Inszenierung von 1978 folgte der seit Oliviers Macbeth zu beobachtenden allgemeinen Tendenz, auf dem Theater wieder Shakespeare zu spielen, statt mit seinen Stücken bis zur Verfälschung zu experimentieren: Seine Regie war deutlich abgestellt auf die sprachliche Brillanz, auf die Poesie und Rhetorik des Stückes und auf Theatertricks und Theatereffekte nur insoweit, als sie zum traditionellen und bewährten *Macbeth*-Fundus gehören; hierher zählten vor allem der Hexenspuk mit seinen Unwetterattributen und der Deklamationscharakter, den der wuchtige und zugleich sensible Albert Finney in der Titelrolle seinen in Bühnenmitte gesprochenen Monologen gab.

Die auffällig geringe Anzahl englischer *Macbeth*-Inszenierungen in unserem Jahrzehnt zielt wieder deutlicher auf Aktualisierung oder wenigstens allgemeine Modernisierung ab: Howard Davies' Regie 1982 in Stratford zeitigte ein nüchtern-sachliches Gesellschaftsstück ohne Horror und Poesie; seine Hexen, hübsche Mädchen in Jeans, hatten mehr das Zeug zur Verführung zum Seitensprung als zum abgrundtief Bösen. Auch Michael Boyds Einstudierung 1985 in Glasgow veranschaulichte in und mit einer rauchgeschwärzten, lichtlosen, Verfall und Tod suggerierenden Szenerie wenigstens ebenso sehr Schottlands politische Gegenwart wie Shakespeares Teufelsspiel. George Roman wiederum, der die Tragödie 1986 in Exeter auf die Bühne brachte, interpretierte sie unter Hinweis u. a. auf den Faschismus, die Niederschlagung des Ungarn-Aufstandes und den Vietnam-Krieg als Parabel der politisch-militärischen Gewalttaten unseres Jahrhunderts. Demgegenüber inszenierte Adrian Noble, ebenfalls 1986 und abermals in Stratford, *Macbeth* eher im Sinne eines bürgerlichen Trauerspiels und d. h. ohne die Aspekte des Politischen und Dämonischen; sein Titelheld (Jonathan Pryce) vermittelte vielmehr den Eindruck eines arglosen Hysterikers, eines Pantoffelhelden, dessen Ehe und Karriere scheitern, weil er keine Nachkommen hat.

6.2 Theatergeschichte des »Macbeth« im deutschsprachigen Raum

Die deutschsprachige Bühnengeschichte des *Macbeth* beginnt am zweiten Weihnachtstag 1771, als das Drama in der Übersetzung Wielands erstmals in Biberach vom dortigen Komödiantenverein aufgeführt wurde (s. S. 13). Eine Eintragung im Spielverzeichnis des Vereins verrät die moralisierende Intention der Inszenierung: *Macbeth* sei ein Anschauungsbeispiel für »die gleichmessende Gerechtigkeit«. Schon wenige Jahre später gehörte die Tragödie zum festen Bestandteil des deutschsprachigen Theaters, wie die zahlreichen, in immer kürzeren Abständen erfolgenden Inszenierungen beweisen. Da eine Tradition noch fehlt, sind sie bis weit in das 19. Jahrhundert hinein tentativ, und zwar vorherrschend in drei Richtungen: Da ist erstens das Bemühen um Originaltreue (z.B. Fischer 1777 in Prag, Wernicke 1778 in Berlin), zweitens die Tendenz zum Opernhaften mit viel Aufwand an Bühnenmaschinerie, Dekor und Musik (Bürgers Fassung, erstmals 1784 aufgeführt) und schließlich drittens die idealistische Auffassung Schillers, dessen Bearbeitung nicht zuletzt wegen ihrer Glätte im Sprachlichen auf Jahrzehnte hinaus bei Schauspielern und Publikum gleichermaßen beliebt war.

Im Jahre 1836 erlebte der Schlegel-Tieck'sche *Macbeth* in Dresden seine Uraufführung, und zwar in einer Inszenierung durch den Mentor der Epoche machenden Shakespeare-Übersetzung selber, Ludwig Tieck. In einem gewissen Maße gelang ihm eine Verschmelzung der bisher vorherrschenden Gesichtspunkte, insofern nämlich, als er die schillersche Auffassung von Macbeth als einem im Kern edlen Charakter beibehielt und dieser Auffassung – entgegen Schiller – auch Lady Macbeth anpasste, als er ferner die Hexenszenen, insbesondere die Szene der Hexenküche, romantisch verbrämt und opernhaft ausladend stark ausspielen ließ und schließlich eine Bühnenkonstruktion verwendete, die dem Grundschema der elisabethanischen Bühne (s. S. 7f.) nachempfunden war und damit seinem Streben nach Originaltreue auch im Bühnenarrangement Ausdruck gab.

Doch auch noch in den Jahrzehnten unmittelbar nach dieser Inszenierung durch Tieck vermochte sich die Übersetzung seiner Schwester als Textgrundlage für Bühnenbearbeitungen nicht durchzusetzen.

Erst 1875 wurde an der Musterbühne von Meiningen eine *Macbeth*-Aufführung inszeniert, die der Schlegel-Tieck'schen Übersetzung zum Durchbruch verhalf und zugleich ein Regiekonzept anwandte, das auf lange Zeit maßgebend war: Leitlinie der Meininger war der Text, dessen Aussage und dessen Schönheit durch die Aufführung auf der Bühne verdeutlicht werden und nicht als Mittel zum Zweck eindrucksvoller Bühnenarrangements missbraucht werden sollte. Hieraus ergab sich konsequent die Forderung nach möglichster Originaltreue, die in der Meininger Inszenierung u. a. in der von Tieck herrührenden Bühnenkonstruktion in der Form eines Brückengerüstes Ausdruck fand, in der fast völligen Beibehaltung der originalen Szenenfolge und – erstmals in der deutschen Bühnengeschichte des *Macbeth* – in einer »realistischen«, d. h. aller Opernhaftigkeit enthobenen Gestaltung der drei Hexen, die in graue, schmutzige Lumpen gekleidet waren und über die halbdunkle graue Heide huschten, als wären sie Bestandteile derselben.

Zu Beginn des 20. Jahrhunderts macht sich auch in den *Macbeth*-Inszenierungen der Einfluss von Ibsen bemerkbar: Szenarium und Kostüme werden naturalistisch ausgestaltet, und die feinsten seelischen Regungen der Figuren finden Ausdruck in Sprechweise und Gestik. Freilich geht dieser psychologisierende Naturalismus Hand in Hand mit einer Tendenz zur Verbürgerlichung, die der heroischen Tragik des Originals grundsätzlich widerspricht.

Ein Markstein von ähnlicher Bedeutung für die Bühnengeschichte des *Macbeth* wie die Meininger Inszenierung war die durch Max Reinhardt 1916 in Berlin. Reinhardt behielt die naturalistischen Stilmittel der Bühne und die psychologischen Ausdrucksmittel der Schauspielkunst zwar bei, doch stilisierte er sie, wodurch er ein Abgleiten des monumentalen Pathos der Tragödie in bürgerliche Enge vermied. Die Hexenszenen legte er als Schlüsselszenen an: Von zwei Männern und einer Frau gespielt verkörperten die Hexen allgemeine Sinnbilder vom Lug und Trug und Wahn der Welt. Nach hinten war die Bühne durch einen Rundhorizont abgeschlossen, der die Illusion des weiten schottischen Hochlandes unter einem endlosen Himmel vermittelte. Lady Macbeth, von Hermine Körner gespielt, erschien hart, streng, unbeugsam, kalt, als verkörperte Machtgier. Paul Wegener gab einen Titelhelden von elementarer Wucht, der leidenschaftlich und brutal seine Verbrechen begeht, durch naturhafte Notwendigkeit dazu getrieben.

Nach Max Reinhardt nahmen die Inszenierungen des *Macbeth* expressionistische Stilelemente auf (z. B. Leopold Jeßner 1922 in Berlin mit Fritz Kortner in der Titelrolle), die gegen Ende der zwanziger Jahre von modern-realistischen Stilelementen abgelöst wurden: So zeigten die ersten Szenen einer Inszenierung in Berlin unter Leo Reuß 1929 ein wüstes, grauenvolles Schlachtfeld, das, obwohl Duncans Soldaten Panzerhemden und Lanzen trugen, doch an die Schlachtfelder des Ersten Weltkrieges gemahnte und damit Untertöne der Warnung vor Krieg und Gewalt anklingen ließen.

Nach der Machtergreifung durch die Nationalsozialisten und der Gründung der Reichstheaterkammer, deren Aufgabe es war, das Theaterleben Deutschlands und später auch das der von Deutschen besetzten Gebiete organisatorisch zu überwachen und vor allem propagandistisch zu lenken, sind auffällig zahlreiche Neuinszenierungen shakespearescher Dramen zu verzeichnen: Besonders die Komödien des großen Klassikers gestatteten tendenzfreie, am Text und am Recht des Publikums auf Unterhaltung orientierte Einstudierungen. Die Historienspiele und die Tragödien dagegen boten schon eher Ansatzpunkte für propagandistische Umdeutungen. So wurde in einer Freilichtaufführung vor dem Lübecker Rathaus 1935 *Macbeth* als eine Ballade vorgeführt, die vom Geschick eines germanischen Helden im nebligen germanischen Norden erzählt.

Nach Eintritt Englands in den Krieg erklärte die Reichstheaterkammer mehr als eine Shakespeare-Inszenierung pro Theater und Spielzeit als »unerwünscht«. Dennoch setzten zahlreiche Intendanten Neueinstudierungen aller großen Shakespeare-Tragödien noch in der Spielzeit 1943/44, der letzten vor dem Zusammenbruch, durch: In Dresden wurde *Macbeth* konservativ als klassische Charaktertragödie gespielt und in Freiburg i.Br. psychologisierend als Charakterstudie des Titelhelden und einer als vampiergleich blutgierig aufgefassten Lady.

Mit Beginn des Nachkriegstheaters kommt gegen Ende 1945 auch Shakespeares Tragödie vom Gewaltmenschen Macbeth sogleich wieder auf die Bühnen. Unmittelbar nach der brutalsten Gewaltherrschaft durch die Nationalsozialisten empfanden Regisseure, Schauspieler und Publikum mit Betroffenheit die Aktualität, die der Tragödie innewohnt und die bis heute entscheidend dazu beigetragen hat, dass ihr in den Spielplänen der deutschsprachigen Theater ein bevorzugter Rang eingeräumt wird.

6.3 Dokumente

Die nachfolgende Auswahl von Kritiken zu *Macbeth*-Inszenierungen – auch diese freilich nur in Auswahl – gibt einen Überblick über den breit gespannten Fächer von Interpretationen und entsprechenden Darstellungsweisen, die das Stück seit dem Zweiten Weltkrieg auf deutschsprachigen Bühnen in insgesamt etwa 105 Inszenierungen erfahren hat:

1953 HAMBURG; REGIE: HEINRICH KOCH

Gerhard Lüdtke: Macbeth als Sympathiefänger

»[. . .] das war eine derartig fatale und in ihren Folgen gefährliche Akzentverschiebung dieses großen Shakespearedramas, dass man sich in die Blütezeit eines vergangenen Jahrzwölfts, in ein Rechtfertigungsplädoyer der Gräuel dieses Jahrzwölfts versetzt fühlte. Denn dieser faszinierende, hinreißende Schauspieler [Will Quadflieg], dieser Sympathiefänger, er machte dieses scheußliche Monstrum zu einer bedauernswerten Gestalt. Es war ein bedenklicher Mythos, der hier seine peinliche Auferstehung feierte, der Mythos des strahlenden Verbrechers, der das Beste wollte, aber von der Ungunst des Schicksals auf Abwege getrieben wurde.

Der Regisseur sagt (im Programmheft) zu dieser Inszenierung, er könne sich den Macbeth ›mit der traditionellen Besetzung durch ein so genanntes schweres Heldenpaar nur schlecht vorstellen‹. Er konnte nicht deutlicher aussprechen, wie falsch hier die Akzente gesetzt sind, wie schief die Perspektive ist. Denn hier handelt es sich gar nicht um leicht oder schwer, um jung oder alt, um groß oder klein, um schön oder hässlich, um dick oder dünn – hier geht es um gut oder böse. Und gerade das wird in dieser Aufführung verwischt. Das wird noch unterstrichen durch die tiefgreifende Änderung des Schlusses. Während bei Shakespeare Macbeth und Macduff allein miteinander kämpfend von der Bühne abgehen und gleich darauf Macduff – nach einer kurzen Zwischenszene – mit dem Kopf des Macbeth auf einer Stange zurückkehrt, fällt Macbeth bei Koch, einsam, umringt von Feinden, in heldischem Zweikampf. Es fehlt nur noch das Benzin, um die Parallele vollständig zu machen. [. . .]«

(Frankfurter Rundschau, 5. 12. 1953)

1955 DARMSTADT; REGIE: GUSTAV RUDOLF SELLNER

Hannes Schmidt: Im Felssturz der Ereignisse

»Alle tragen sie Schwarz oder Grau, die Personen, als gäbe es keine Farben in dieser Welt. Erst nach der Untat belebt, nein, befleckt blutig prangendes Rot die schwarzen Gewänder des mörderischen Herrscherpaares. Unheil steht still im Raum, von Anbeginn her. Und dann bricht es aus, gleich einem Zyklon, kalt hervorstürmend aus dem Menschen. Die Frage nach Schuld und Unschuld bleibt ungefragt vor dem, was hier geschieht. [. . .]«

(Frankfurter Rundschau, 6. 12. 1955)

1966 HAMBURG; REGIE: HELMUT KÄUTNER

Wilhelm Jacobs: Gedämpfte Tragödie

»[. . .] Das Ergebnis war zwiespältig. Käutner, Regisseur überwiegend moderner Stücke, versuchte allzu behände Shakespeares blutiges Mammutwerk ins Gegenwärtige zu transponieren, das Überdimensionale einzugrenzen, das Unmenschliche auf ein menschlich erklärbares Maß zu bringen, das Mord-Motiv dem Ungeheuerlichen des Mordes selbst voranzustellen. Es kam zum Ausdruck in der Führung der Darsteller, in der fühlbaren Dämpfung der Ausbrüche, in der Einengung des Emotionalen. Das musste die gewaltige Schicksalstragödie entschärfen (auch wenn sie gleichzeitig Charaktertragödie ist), musste ihr die Wucht nehmen, das Statuarische, das Archaische, musste sie aus dem magischen Traumkreis allzu sehr ziehen, in den die Hexenszenen sie stellen. [. . .]«

(Frankfurter Rundschau, 10. 5. 1966)

1967 BREMEN; REGIE: KURT HÜBNER

Siegfried Melchinger: Shakespeare im Neonlicht

»[. . .] Die Monologe, oft an der Rampe gesprochen, sind angelegt als dialektische Überlegungen, an denen das Publikum teilnimmt. Vor allem in ihnen zeigt Ganz seinen Macbeth als den ›Täter, der denkt‹. Er führt glaubhaft den Widerstand gegen das Verbrechen vor Augen und ebenso glaubhaft das Erliegen unter der Verführung, in der sich Männlichkeit durch Erotika und Sex als Schwäche erweist. [. . .]«

(Theater heute, 2, 1967, S. 32ff.)

1973 BADEN-BADEN; REGIE: GÜNTHER PENZOLDT

Wolfgang A. Peters

»[. . .] Spielleiter wie Nachdichter haben auf alle zeitbedingten Macbeth-Exegesen und -Interpretationen, auf alle modisch-ideologisch grundierten Auslegungen im Sinne Kotts oder Heiner Müllers verzichtet; es kam ihnen nur auf die Herausarbeitung der genau erzählten ›Story‹ (im Sinne von ›history‹) an; diese nämlich schien ihnen, wie Penzoldt in seinen ›Gedanken zur Inszenierung‹ sagt, von hinreichendem politischen Interesse und hinreichender Aussagekraft. Peter Uwe Arndt spielt den Kronenräuber und ehrgeizigen Usurpator, der erst unter dem Willen der bedenkenlosen Lady (eindrucksstark und spannungsintensiv vor allem in den beiden Überredungsszenen: Brigitte Walter) zum Mörder wird, als einen zwar machtgierigen, doch von Skrupeln und Ängsten geplagten Zauderer, fast als einen Bruder des Hamlet, dem nicht die ›Qual des Denkens‹ abgenommen wird: Macbeth nicht als der blutige Zwangsvollstrecker einer auf Unterdrückung programmierten Welt, sondern als Machthaber, bei dem die individuelle Entscheidungsfreiheit bis weit in den Ablauf der Handlung hinein immer glaubhaft bleibt (was die Fallhöhe seines Sturzes am Ende nur umso größer macht). [. . .]«

(Frankfurter Allgemeine Zeitung, 27. 11. 1973)

1973 BERLIN; REGIE: KURT HÜBNER

Peter Iden

»[. . .] Die Aufführung zieht aus dem Stück nicht das Gleichnis auf die Macht und was sie an Menschen verursacht. Sie beschreibt ein Einzel-Schicksal. Daran ist richtig, dass Menschen ihr Leben, mag es noch so sehr in Mustern sich ableben, so erfahren: als Einzelfall. Aber gerade dann interessieren die Bewegungen auf dem ›inneren Schlachtfeld‹. Das Drama spielt dann überhaupt ›innen‹ sich ab, ist Nerven-Theater mehr als Tat-Theater. Da weicht Hübner aus. [. . .]«

(Frankfurter Rundschau, 15. 10. 1973)

1978 SCHWÄBISCH HALL; REGIE: KAI BRAAK

Friedrich A. Wagner: Macbeth mit einem Hauch Hamlet

»[. . .] Man sah eine straffe Macbeth-Inszenierung, die Kai Braak, der Regisseur, ganz auf die Hauptgestalt und ihre psychologische Struktur hin anlegte. [. . .]

So erscheint in dieser Haller Aufführung der schottische General und Königsmörder nicht als Ungeheuer, als der verabscheuungswürdige Schurke mit den blutigen Händen. Er ist ein durchaus normaler Mensch bis zu jenem Augenblick, da sich ihm mit der ersten Untat die Chance zum Griff nach der Krone ergibt. Jetzt enthüllt sich sein Wesen: er ist ein Zerrissener, fast ein Hamlet, voller Zögern, ein Getriebener in den Fesseln, die er sich mit seinem Entschluss zum Verbrechen angelegt hat. Gerd Seid im Zentrum dieser Aufführung profilierte die Gebrochenheit mit großer Intensität und einem Anflug von Trauer und Verzweiflung, dazu die erotisch motivierte Verfallenheit an Lady Macbeth, die Lis Verhoeven eher weich als schneidend zeichnete, eher im Schatten des Mannes denn als Triebfeder für sein Tun. [. . .]«

(Frankfurter Allgemeine Zeitung, 4. 7. 1978)

1979 WUPPERTAL; REGIE: GERD PFAFFERODT

Dietmar N. Schmidt: Liebesgeschichte von Macbeth und seiner Lady

»Der ›Macbeth‹ von Shakespeare gilt als ein dumpfes, mörderisches Theaterstück. Es handelt von der Verführbarkeit eines Menschen durch Aussicht auf Macht, von den bösen Folgen der ersten bösen Tat. Das lässt sich verstehen als Drama zwischen Schuld und Sühne, als Psychogramm eines Verbrechers. Usurpatoren, ganze Diktaturen erkennen darin ihren Aufstieg und Fall. In der Bearbeitung Heiner Müllers ist die Welt, wie sie ist, ein Schlachthaus; bei Ionesco sind wir alle kriminelle Karrieristen.

Aber eine Liebestragödie? Etwas in diesem Sinn nahm sich Gert Pfafferodt [. . .] im Wuppertaler Schauspielhaus vor. Sein Dramaturg Ralf Minde, als Königssohn Malcolm mit auf der Bühne, formuliert das auf dem Theaterzettel schneidig so: ›Das Thema der Tragödie des Macbeth ist nicht Mord, sondern das Thema ist Liebe. Unvergänglich ist dieses Werk, weil es die wohl eindringlichste Ehetragödie der Theaterliteratur ist . . .‹ Das hört sich nicht nur fragwürdig an. Ist es, bleibt es auch, sieht man die Aufführung. [. . .]«

(Frankfurter Rundschau, 17. 2. 1979)

1980 DARMSTADT; REGIE: WOLFRAM MEHRING

Gerhard Rohde: Das ritualisierte Morden

»[. . .] Aus drei sind fünf Hexen geworden, choreographisch präzis geführt, bewegen sie zugleich die vielen Stellwände, mit denen Mehring und sein Bühnenbildner Rüdiger Tamschick rasch die wechselnden Schauplätze markieren.

Die Hexen führen auch die Morde aus, zu denen Macbeth hier gewissermaßen anstiftet. Die Taten erscheinen auf diese Weise eher losgelöst von der Person des Macbeth, werden eingebunden und erklärt aus dem Ritual des Mordens. In diesem Ritual verlieren die treibenden Figuren des Königs und der Lady ihren individuellen Charakter. Sie werden entpsychologisiert, ihr Handeln folgt aus den Zwängen der Tötungsmechanik. [. . .] In Mehrings ›Macbeth‹ sieht man weniger Entwicklungen als kreiselnde Bewegungen, die sich selbst genügen und nur vorführen, was man ohnehin schon weiß: dass eine böse Tat die nächste hervorbringt. Die Figuren verkümmern dabei zu bloßen Spielfiguren, die einen Mechanismus demonstrieren und nicht mehr erkennen lassen, wie das Wechselspiel zwischen Individuum und Macht immer wieder bestürzende Monstrositäten wie eben jenen König Macbeth hervorzubringen vermag.«

(Frankfurter Allgemeine Zeitung, 29. 5. 1980)

1982 KÖLN; REGIE: LUC BONDY

Günther Rühle: Ein Stück verhext

»Macbeth [Hermann Lause] und die Lady [Ilse Ritter] entkleiden sich, drapieren sich mit großen weißen Laken. Macbeth kehrt dann mit blutroten Händen zurück von der Tat, das Laken wird unfreiwillig blutig beschmiert. Das potenziert sich durch die vom Blutort zurückkehrende Lady. Angst und Skrupel treiben sie in Verwirrung, es zeigt sich an der Besudelung der Tücher – bis beide in blutverschmierter Nacktheit die Spuren auf dem Boden und die Laken beseitigen – ausgesetzt der eigenen Wirrnis. Das ist das unvergessbare Bild, das von der Inszenierung bleibt: die Armseligkeit der ratlos gewordenen, schmächtig-kleinen Menschen im übergroßen Raum: Es ist ein Bild vom zweiten Sündenfall des Menschenpaares.«

(Theater heute, 3, 1982, S.40)

1983 DÜSSELDORF; REGIE: B. K. TRAGELEHN (übers. u. bearb. v. Heiner Müller)

Michael Merschmeier: Die Masken des Menschen

»Macbeth [Peter Brombacher] ist in Heiner Müllers Bearbeitung mindestens ebenso sehr Spielball wie Spielmacher, weniger Subjekt als bei Shakespeare, eher Objekt eines (geschichtlichen) Prozesses, [. . .] ein verallgemeinerbares Ich in der immergleichen blutigen Spur der Geschichte. [. . .] nie, auch als König nicht, war er *Person,* immer nur funktionierendes Teilchen im großen Plan (gleich ob dem der Hexen oder der Geschichte). [. . .] ein Agent der Tötungs- und Geschichtsmechanik. [. . .] in der wie geschmiert ablaufenden Choreographie der Inszenierung entdeckt sich der Selbstlauf aller Politik.«

(Theater heute, 12, 1983, S. 33 f.)

1987 HAMBURG; REGIE: WILFRIED MINKS

Ulrich Fischer: Die Welt ein Schlachthaus

»Wildgruber [Macbeth] tritt häufig mit nacktem Oberkörper auf, ein rasendes Mannsbild, dampfende Natur. Malcolm [Knut Koch] ist leicht gehbehindert, stützt sich auf das elegante Rohr eines Dandys und trägt entweder Kostüme aus der Zeit der Aufklärung oder die einer folgenden Epoche (Kostüme: Gisela Köster). Koch gibt so einen Monarchen der folgenden Generationen, dem das Grauen, das mit Herrschaft und Machtausübung verbunden ist, niemand mehr anzusehen vermag, während Macbeth es in jedem Augenblick anschaulich macht. Insofern erscheint Macbeth als die ehrliche Bestie Malcolm als raffinierte die gefährlichere. Malcolm wirkt bei Minks nicht als Repräsentant des Guten, der die Tyrannei des Bösen, Macbeth, überwindet, sondern steht für eine Herrschaft, die um nichts besser ist als die des Macbeth [. . .].«

(Frankfurter Rundschau, 10. 9. 1987)

1987 BERLIN; REGIE: KATHARINA THALBACH

Sibylle Cramer: Katharina Thalbachs feministe Shakespeare-Deutung

»[. . .] dieser Macbeth ist ein Halbstarker. Den Königsmord probt er ängstlich stochernd an einem gerupften Huhn. Als der Geist Banquos, des treuen Freundes, den er morden ließ, ihn beim Gastmahl heimsucht, verkriecht er sich in die Falten der Tischdecke wie hinter Mutters Schürze. Zuletzt liegt er als hilfloses Wickelkind auf dem Tisch. Markus Völlenklee, der sich mit seiner Rolle zaghaft und ganz aussichtslos herumschlägt, erscheint am Ende als zweiter Duncan, ein Narr [. . .]. Aus seinem Burgfenster lugt dieser Macbeth wie Kasperle aus seinen Pappkulissen. Was ihm gemeldet wird, dass wahr wird, was die Hexen ihm prophezeiten, dass der Wald von Bimam sich in Bewegung gesetzt hat, das passt sogar ins Kindertheaterformat. Das Königsspiel des Macbeth geht zu Ende.

Zum Endkampf mit Macduff schlurft er herein, eine Gestalt, die einmal ein lebendiger Mensch war. Erst als er die Rüstung anlegt, kommt Leben in ihn. Ein von dem Schauspieler Heinz-Werner Kraehkamp wunderbar choreographierter Zweikampf [. . .] zeigt das ganze Elend des Patriarchats: die Lebensfeindlichkeit der Männerwelt, ihre Unfruchtbarkeit, eine tödliche Herrschaftsgeschichte und die Stumpfheit der Kämpfe, aus denen sie besteht. Ein ödes Geklopfe geht los auf dem Schlachtfeld, klobige Bewegungen, eine ungelenke Schlachterei, die komisch wäre, wenn die beiden saurierartigen Kampfkolosse nicht gefährliche Tötungsmaschinen wären. Die Dummheit von Kraftentfaltung wird sichtbar und die Lachhaftigkeit dieses Haudegenprotzes.

Zugleich kommt das Pathologische zum Vorschein, das angstgesteuerte Potenzgebaren dynastischer Kämpfe, ein sadistisches Ausleben von Kastrationsängsten (der kinderlose Macbeth beißt dem kinderreichen Macduff die Hoden ab), sexuelle Verkrüppelungen.

[. . .] Die Fäden des Spiels haben die Hexen in der Hand. Sie vitriolisieren Macbeth. Macbeth ist König dank seiner Neigung, Hexensprüchen aufs Wort zu folgen, ein Herrscher von ihrer Gnade. Fair ist ihr Spiel nicht. ›Fair ist foul‹ hat eine von ihnen zu Beginn an die Wand gemalt und anschließend mit dem Inhalt ihres Nachttopfs begossen. Bioprogramm. Die Hexen haben das erste und das letzte Wort – und das lauteste. Mittendrin im Höllenspektakel des Macbethdramas steigt Hekate als kahlköpfiger Pyjamazwerg (Katharina Thalbach) aus einer Kellerluke und kreischt einen Song, in dem sich Utopie, Anarchie, Ideologie, Idiotie und Onanie reimen (Autor: Thomas Brasch).

Aber das Hexenspiel geht nicht auf. Ausgerechnet die zentrale Frauengestalt, Lady Macbeth, lässt sich nicht integrieren. Sie steht als Verlegenheit in dieser Kindergeschichte herum, eine Erscheinung aus einer anderen Welt, in der nicht gespielt, sondern gefühlt, gedacht und gehandelt wird. [. . .]«

(Frankfurter Rundschau, 27.11.1987)

1988 BERLIN; REGIE: JÜRGEN GOSCH

Peter Hans Göpfert: Shakespeare an der Berliner Schaubühne

»[. . .] Macbeth wird von Walter Kreye mit starkem Wohlklang vorgetragen – verkörpert, in seinem Handeln motiviert aber keineswegs. Die großen Monologe wehen ins Nirgendwo [. . .].

Erst kürzlich hatte Katharina Thalbach in der Werkstatt der Staatstheater aus ›Macbeth‹ ein freches, kurzweiliges Shakespeare-Frikassee gemacht. Bei Gosch versinkt alles in schön formulierter Bedeutungslosigkeit, selbst Ironie bleibt nur ein Accessoire. [. . .]«

(Die Neue Ärztliche, 25.11.1988)

1990 BONN-BEUEL; REGIE: PETER ESCHBERG

Ulrich Schreiber: Eine komische Laufbahn zum Tode

»[. . .] Kaum ist der Hexenspuk vorbei, erscheint schon im Citymantel mit einer Zigarette im Mund ein königlicher Bote, um Macbeth der Vorstufe seines Glanzes zu versichern: der ebenfalls vorhergesagten Ernennung zum Than von Cawdor. Als er dann zum König selbst gerufen wird, von dem er die Erhebung zum Nachfolger erwartet, bringt er seine Legitimation gleich mit: einen Eimer voll mit Blut, das er im Namen und für den Ruhm des Königs Duncan vergossen hat.

Doch der legitime Thronfolger schüttet ihm den Eimer ins Gesicht. Das ist ein Bild der Drastik und Doppeldeutigkeit: die Enttäuschung des sich erniedrigt fühlenden Macbeth ebenso transportierend wie seinen nun in eigenem Ehrgeiz erweckten Blutrausch. Was nach der Hexenprophezeiung noch in seinem Unterbewusstsein dämmerte, ist nun in die blutige Präsenz eines Vollbewusstseins getreten. Zugleich aber verlagert das Bild die Stilhöhe von Shakespeares Tragödie zum Grand Guignol, in dem auch gelacht werden darf – und sei es aus Schadenfreude.

Tatsächlich befinden wir uns in der Schauspielhalle Bonn-Beuel nicht bei Shakespeare in der hochgestylten Übersetzung Dorothea Tiecks, sondern bei Heiner Müllers Eindeutschung. Hausherr Peter Eschberg [. . .] hat sie für seine Inszenierung gewählt und sich zugleich von ihr distanziert. So lässt er zwar Müllers verkürzt brutalisierte Fassung sprechen, nicht aber spielen. Gestrichen ist aus Müllers Blutdigest die zweite Ebene des gnadenlosen Kriegs der feudalen Obrigkeit gegen ihre eigene Bauernschaft: Müllers Versuch, den Macht- und Blutrausch Macbeths und seiner Lady als eine Variante des Klassenkampfs zu erklären.

In Bonn klingt der Bauernkrieg nur ein einziges Mal an, als die Lady einen geschlachteten Land- und Landsmann sehen will. Man serviert ihr einen abgeschlagenen Kopf in Aspik. Dennoch hält Eschberg an Müllers geschwärztem Blick auf die Historie fest. So wie der König Duncan, ehe er von Macbeth ermordet wird, für einen Boten ärztliche Hilfe anfordert, die mit dessen Verabschiedung hinab in den Orkus verwirklicht wird, lässt sein Sohn am Ende den treuen Gefolgsmann Macduff massakrieren. Dabei findet er, noch über Müller hinaus, willfährige Helfer, die sich zugleich als das nächste Opfer fühlen. So bleibt die Welt über das Stückende hinweg eine Schlachtbank, angerichtet von Menschen, die der Wille zur Macht in die Unkenntlichkeit deformiert. [. . .]«

(Frankfurter Rundschau, 11.12.1990)

1991 DÜSSELDORF; REGIE: HERBERT KÖNIG

Andreas Rossmann: MacBurger – »Macbeth« in Düsseldorf

»[. . .] ein ›Macbeth‹ wie ein MacBurger, der, obwohl blutig, nur den Bäcker, nicht den Schlächter ehrt: Zwischen den knusprigen Deckeln klemmt ein fader Braten.

Wieder einmal wird kein Drama entwickelt, sondern eine Geschichte erzählt von einem, der nur lachen und den Kopf schütteln kann über das, was ihm da prophezeit wird. Und als ihm Macduff endlich an den Kragen geht, lacht er noch genauso, grau geworden, doch keines Besseren belehrt. Sylvester Groth zeigt Macbeth als naiven Jüngling, der schnell verwirrt, aber daraus nicht schlau wird. Für das, was an Schrecken möglich ist und diese bedeuten, fehlt es ihm geradeso an Bewusstsein und Fantasie wie jenen, die nach seiner Enthauptung mit seinem Kopf Fußball spielen. Auch die Lady ist mit Olivia Grigolli jung besetzt: eine Frau von unterkühlter Weiblichkeit, die sich in waschzwanghafte Rituale retten muss. Ehrgeiz ist etwas, was in diesem Paar nicht keimt, sondern es von außen überfällt und steuert. Das mag zeitkritisch gemeint sein, doch es bringt das Drama um Abgründe, Spannungen, Dynamik. [. . .]«

(Frankfurter Allgemeine Zeitung, 25. 5.1991)

1992 WIEN; REGIE: CLAUS PEYMANN

Gerhard Stadelmaier: Herzen in der Mördergrube

»[. . .] plötzlich Donner und Blitz. Drei irre Weiber kriechen aus einer Bodenluke, halb nackt und bärtig, mit entstellten Gesichtern und unförmigen Brüsten. Sie wiegen sich tänzelnd im Rhythmus dröhnender Soldatentrommeln. Sie kobolzen, furzen, ferkeln und zaubern [. . .]: perfekter Ulk, witziger Schrecken, nette grausame Späße. [. . .]

Fröhlich, jungenhaft-schlacksig präsentiert Voss den Schlächter Macbeth als zynisch charmanten Champion, den der Krieg als Sport begeistert. Gierig feixt er nach Anerkennung und Lob. Der blutige Champion ist auch ein sich selbst genießender Spieler, ein Dandy des Krieges.

Die Weissagung der Hexen, er werde erst Than von Glamis und von Cawdor, dann König von Schottland, nimmt er entgegen wie ein blasierter Rockstar die Huldigung seiner Fans. [. . .]

Ein Liebespaar im Gefühlskrieg: Kirsten Dene als Lady Macbeth wirft sich girrend und jauchzend auf den Brief, in dem ihr Macbeth seinen Mordplan avisiert. Den zögernden Hasardeur zwingt sie streichelnd und schmusend zur Tat. Sie ist eine Verführerin, die die absurden Wonnen des Unerhörten voraus genießt: Jemanden umzubringen, das muss ein wunderbares Gefühl sein! Und sie ist die karrieresüchtige Matrone, die ihrem Mann die Sporen gibt, Xanthippe und Traumfrau zugleich. [. . .]«

(Frankfurter Allgemeine Zeitung, 17. 2.1992)

7 Literaturverzeichnis

1 Ausgaben, Quellenkunde

a) Ausgaben

New Variorum Edition, ed. *H.H. Furness.* Philadelphia 1903, repr. 1963
Shakespeare, William, Macbeth, ed. with introduction and notes by *H. J. C. Grierson* und Dr. *J.C. Smith.* Oxford 1914
Kittredge Edition, ed. *G.L. Kittredge.* Boston 1939
New Cambridge Edition, ed. *J.D. Wilson.* Cambridge 1947, repr. 1960
Yale Edition, ed. *E. Waith.* New Haven 1954
Pelican Edition, ed. *A. Harbage.* Baltimore 1956
New Arden Edition, ed. *K. Muir.* London 1959
New Penguin Edition, ed. *G.K. Hunter.* Harmondsworth 1967
The Oxford Shakespeare, ed. *Nicholas Brooke.* Oxford 1990
Shakespeare, Macbeth (engl. u. deutsch), übers. u. hrsg. von *Barbara Rojahn-Deyk.* Stuttgart 1977 = RUB 9870/3
Shakespeare, Macbeth, übers. von *Dorothea Tieck,* hrsg. von *Dietrich Klose.* Stuttgart 1979 = RUB 17

b) Quellenkunde

Bullough, G.: Narrative and Dramatic Sources of Shakespeare, Vol. VII. London, New York 1975
Kröger, E.: Die Sage von Macbeth bis zu Shakespeare. Berlin 1904
Muir, K.: The Sources of Shakespeare's Plays. London 1977, New Haven 1978
Paul, H.N.: The Royal Play of Macbeth. Philadelphia 1950
Schulze, F. W.: Macbeth. Dichtung und Wirklichkeit. Frankfurt/M., Berlin 1964

2 Literatur-, Gattungs-, Theatergeschichte und Shakespeare-Verfilmungen

a) Literaturgeschichte

The Cambridge History of English Literature, ed. *A.W. Ward* und *A.R. Waller,* Bd. V, The Drama to 1642, part one. Cambridge 1950
The New Pelican Guide to English Literature, ed. *Boris Ford.* Vol. 2: The Age of Shakespeare. Harmondsworth 1982
Standop, E. und *E. Mertner:* Englische Literaturgeschichte. Heidelberg[3] 1976

b) Gattungsgeschichte

Aristoteles: Poetik, hrsg. von *P. Gohlke,* Paderborn 1959
Dessen, A. C.: Elizabethan Drama and the Viewer's Eye. Chapel Hill 1977
Hunter, G. K.: Dramatic Identities and Cultural Tradition. Studies in Shakespeare and His Contemporaries. Liverpool 1978
Klein, K: Aspekte des Tragischen im Drama Shakespeares und seiner Zeit. Darmstadt *1979*

c) Theatergeschichte und Shakespeare-Verfilmungen

Ball, R.H.: Shakespeare on Silent Film. A Strange Eventful History. London 1968
Batholomeusz, D.: Macbeth and the Players. Cambridge 1969

Bentley, Gerald Eades: The Profession of Player in Shakespeare's Time, 1590 – 1642. Princeton, N.J., 1984
Bradbrook, M.C.: The Living Monument. Shakespeare and the Theatre of His Time. Cambridge 1976
Brown, I.: Shakespeare and the Actors. New York 1970
Foakes, R.A.: Illustrations of the English Stage 1580 – 1642. London 1985
Holmes, M.: Shakespeare and His Players. New York 1972
Jorgens, J.: Shakespeare on Film. Bloomington, Ind., London 1977
Leary, W.G.: Shakespeare Plain. The Making and Performing of Shakespeare's Plays. New York 1976
Manvell, R.: Shakespeare and the Film. With 48 pages of plates. London 1971
Odell, G. C. D.: Shakespeare from Betterton to Irving, 2 vols. New York 1920, repr. 1963
Schumacher, E.: Shakespeares Macbeth auf der deutschen Bühne. Emsdetten 1938
Speaight, R.: Shakespeare on the Stage. An Illustrated History of Shakespearian Performance. London 1973
Stahl, E.L.: Shakespeare und das deutsche Theater. Stuttgart 1947
Trewin, J.C.: Shakespeare on the English Stage 1900 – 1964. A Survey of Productions. London 1964
Williams, G.: Macbeth. Text and Performance. London 1985

3 *Shakespeare: Biografien, Gesamtdarstellungen, Einzelfragen*

a) Biografien

Bradbrook, M.C.: Shakespeare. The Poet and His World. New York 1978
May, R.: Who Was Shakespeare? The Man, the Times, the Works. New Abbot 1974
Ribner, I.: William Shakespeare. An Introduction to His Life, Times, and Theatre. London, Toronto 1969
Schoenbaum, S.: William Shakespeare. A Compact Documentary Life. New York 1977

b) Gesamtdarstellungen

Bradley, A.C.: Shakespearean Tragedy. London 1904, repr. 1960
Brooks, C.: The Well Wrought Urn. New York 1947, repr. 1975
Brown, J.R.: Shakespeare. The Tragedy of Macbeth. London 1963
A Shakespeare Encyclopaedia, ed. *O.J. Campbell* und *E.G. Quinn.* London 1966, Nachdr. 1974
Chambers, E. K.: William Shakespeare. A Study of Facts and Problems. 2 Bde. Oxford 1930, repr. 1951
Curry, W. C.: Shakespeare's Philosophical Patterns. Gloucester/Mass. ^{2}1968
Deutschbein, M.: Shakespeares Macbeth als Drama des Barock. Leipzig o. J.
Farnham, W.: Shakespeare's Tragic Frontier. The World of His Final Tragedies. Oxford 1973
Fletcher, G.: Studies of Shakespeare. London 1847
Granville-Barker, H.: More Prefaces to Shakespeare, ed. *E.M. Moore.* Princeton, N.J. 1974
Halio, J.L.: Approaches to Macbeth. New York, London 1966
Hankins, J.E.: Backgrounds of Shakespeare's Thought. Hamden 1978
Holloway, J.: The Story of the Night. Studies in Shakespeare's Major Tragedies. London 1961
Jorgensen, P.A.: Our Naked Frailties. Sensational Art and Meaning in Macbeth. Berkeley, Los Angeles, London 1971

Jorgensen, P.A.: William Shakespeare. The Tragedies. Boston 1985
Knight, G.W.: Shakespeare's Dramatic Challenge. On the Rise of Shakespeare's Tragic Heroes. London 1977
Knight, G. W.: The Wheel of Fire. London [4]1949
Kott, Jan: Shakespeare heute. München 1970
Lloyd Evans, G. und *B. Lloyd Evans:* Everyman's Companion to Shakespeare. Melbourne, Toronto 1978
Long, Michael: Macbeth. New York, London, Toronto 1989
Lüthi, M.: Shakespeares Dramen. Berlin 1957, [2]1966
Mehl, D.: Die Tragödien Shakespeares. Eine Einführung. Berlin 1983
Murry, J.M.: Shakespeare. London 1936
Rackin, P.: Shakespeare's Tragedies. New York 1978
Raleigh, Walter: Shakespeare. London 1907
Rosenberg, M.: The Masks of Macbeth. Berkeley 1978
Shakespeare-Handbuch. Die Zeit, der Mensch, das Werk, die Nachwelt, hrsg. von *I. Schabert.* Stuttgart 1972, [2]1978
Schücking, L.L.: Shakespeare und der Tragödienstil seiner Zeit. Bern 1938
Speaight, R.: Shakespeare. The Man and His Achievement. New York 1977
Symons, A.: Studies in Two Literatures. London 1867
Tillyard, E. M. W.: Shakespeare's History Plays. London 1944, repr. Harmondsworth 1962
Weimann, R.: Shakespeare und die Tradition des Volkstheaters. Soziologie, Dramaturgie, Gestaltung. Berlin [2]1975

c) Einzelfragen

Biggins, D.: Sexuality, Witchcraft and Violence in Macbeth. In: Shakespeare Studies 8 (1976), S. 255 – 277
Bridges, R.: The Influence of the Audience on Shakespeare's Drama. In: Collected Essays, Papers etc. 1927 – 1936, selected by *B. Fabian, E. Mertner, K. Schneider* und *M. Spevack.* Hildesheim, New York 1972
Clemen, W.: Shakespeares Monologe. Göttingen 1964
Coe, C.N.: Demi-Devils. The Character of Shakespeare's Villains. New York 1963
Coleridge, S. T.: Coleridge's Shakespearean Criticism, Vol. II, ed. *T.M. Raysor.* London, New York 1962
Crane, R.S.: The Languages of Criticism and the Structure of Poetry. Toronto 1953
Elliott, G.R.: Dramatic Providence in Macbeth. A Study of Shakespeare's Tragic Theme of Humanity and Grace. Princeton, N.J., 1958
Flatter, R.: Who Wrote the Hecate Scene? In: Shakespeare-Jahrbuch 93 (1957), S. 196 – 210
Focus on Macbeth, ed. *John Russell Brown.* London, Boston und Henley 1982
Goldman, M.: Acting and Action in Shakespearean Tragedy. Princeton, N.J., 1985
Harris, A.: Night's Black Angels, Witchcraft and Magic in Seventeenth-Century English Drama. Manchester 1980
Harwich, R.: Integrity in Macbeth. The Search for the »Single State of Man«. In: Shakespeare Quarterly 29 (1978), S. 365 – 373
Twentieth Century Interpretations of Macbeth. A Collection of Critical Essays, ed. *T. Hawkes.* Englewood Cliffs, N.J., 1977
Hazlitt, W.: The Complete Works of William Hazlitt, Vol. IV, The Round Table and Characters of Shakespeare's Plays, ed. *P.P. Howe.* London, Toronto 1930
Hunter, G.K.: Macbeth in the Twentieth Century. In: Aspects of Macbeth, ed. *K. Muir* and *P. Edwards.* Cambridge, London, New York 1977

Jameson, A.B.: Characteristics of Women, Vol. II. London 1833
Johnson, Dr. Samuel: The Yale Edition of the Works of Samuel Johnson, Vol. VIII, Johnson on Shakespeare, ed. *A. Sherbo.* Hartford/Con. 1968
Knights, L.C.: Some Shakespearean Themes. Stanford, London 1959
Lamb, C. und *M. Lamb:* The Works of Charles and Mary Lamb, Vol. I, Miscellaneous Prose 1798 – 1834, ed. *E.V. Lucas.* New York, London 1903
Law, R.A.: The Tragic Vision of Life in »Macbeth«. In: Studies in the Humanities 1 (1969), S. 1 – 12
Shakespeare's Tragedies. An Anthology of Modem Criticism, ed. *L. Lerner.* Harmondsworth 1963
Lüthi, M.: Macbeth. Tragödie der Selbstspaltung und Selbstentfremdung. In: Festschrift Rudolf Stamm. Bern 1969, S. 23 – 30
Mack, M.: Killing the King. New Haven/Con. 1973
Maginn, W.: Shakespeare Papers. London 1860
Merchant, W. Moelwyn: ›His Fiend-like Queen‹. In: Aspects of Macbeth, ed. *K. Muir* und *P. Edwards.* Cambridge, London, New York 1977
Riebling, Barbara: Virtue's Sacrifice. A Machiavellian Reading of »Macbeth«. In: Studies in English Literature 1500 – 1900, 31 (1991), S. 273 – 286
Rose, E.: Sudden Emotion in Shakespeare's Characters. In: The New Shakespeare Society Publications. Series I. Transactions. Nos. 8 – 10 (1880 – 86)
SandeN, W.: The Strong Pessimism of Macbeth. In: Critical Review 9 (1967), S. 38 – 54
Schlegel, A.W. von: Kritische Schriften und Briefe, Bd. VI, Vorlesungen über dramatische Kunst und Literatur, 2. Teil, hrsg. von *E. Lohner.* Stuttgart 1967
Schoenbaum, S.: Macbeth. Critical Essays. New York 1990
Shakespeare Survey 19 (1966)
Shakespearean Tragedy, ed. *D. F. Bratchell.* London, New York 1990
Spurgeon, C.: Shakespeare's Imagery and What It Tells Us. New York, Cambridge 1935
Stoll, E. E.: Source and Motive in Macbeth and Othello. In: The Review of English Studies XIX (1943)
Suerbaum, U.: Die dramatischen Funktionen der Lady Macbeth. In: Poetica 1 (1967), S. 14 – 43
Taylor, M.: Ideals of Manhood in »Macbeth«. In: Etudes Anglaises 4 (1968), S. 337 – 348
Thumboo, E.: Macbeth and the Generous Duncan. In: Shakespeare Quarterly 22 (1971), S. 181 – 186
Veszy-Wagner, L.: Macbeth. »Fair is Foul and Foul is Fair». In: American Imago 25 (1968), S. 242-257
Shakespeare. Macbeth. A casebook, ed. *J. Wain.* London 1968
Whately, T.: Remarks on Some of the Characters of Shakespeare. London 1785, 8. Aufl. ed. *R. Whately* 1839, repr. 1970
Wickham, G.: Hell-Castle and Its Door-Keeper. In: Aspects of Macbeth, ed. *K. Muir* und *P. Edwards.* Cambridge, London, New York 1977
Williams, E.W.: In Defense of Lady Macbeth. In: Shakespeare Quarterly 14 (1973), S. 221 – 223

GRUNDLAGEN UND GEDANKEN

Drama

Interpretationshilfen

Herausgegeben von Hans-Gert Roloff.

Brecht, Der aufhaltsame Aufstieg des Arturo Ui. (D. Thiele)	(6098)
Brecht, Die Dreigroschenoper. (D. Wöhrle)	(6097)
Brecht, Der gute Mensch von Sezuan. (J. Knopf)	(6088)
Brecht, Das Leben des Galilei. (H. Knust)	(6084)
Brecht, Mutter Courage und ihre Kinder. (D. Thiele)	(6089)
Büchner, Woyzeck. (H. Ritscher)	(6393)
Dürrenmatt, Der Besuch der alten Dame. (S. Mayer)	(6080)
Dürrenmatt, Die Physiker. (G. P. Knapp)	(6079)
Frisch, Andorra. (G. P. und M. Knapp)	(6071)
Frisch, Biedermann und die Brandstifter. (G. Jordan)	(6085)
Goethe, Faust I. (H. Kobligk)	(6360)
Goethe, Faust II. (H. Kobligk)	(6358)
Goethe, Iphigenie auf Tauris. (G. Holst)	(6467)
Ibsen, Nora oder Ein Puppenheim. (D. Bänsch)	(6066)
Lessing, Nathan der Weise. (D. Arendt)	(6380)
Schiller, Kabale und Liebe. (H. P. Herrmann und M. Herrmann)	(6398)
Schiller, Maria Stuart. (H. P. Herrmann und M. Herrmann)	(6469)
Schiller, Die Räuber. (W. Große)	(6468)
Shakespeare, Hamlet. (W. Rudorff)	(6386)
Shakespeare, Macbeth. (W. Rudorff)	(6385)
Sophokles, Antigone. (N. Zink)	(6383)
Sophokles, König Ödipus. (N. Zink)	(6384)
Wedekind, Frühlings Erwachen. (G. Pickerodt)	(6068)
Zuckmayer, Der Hauptmann von Köpenick. (S. Mews)	(6363)

987 654 32